I0492003

Ivan Koesjnir

Economie van Oceanië

Serie "Economie in landen"

eerst gepubliceerd: 2021
laatst bijgewerkt: 2021-02-02

Ivan Koesjnir. Economie van Oceanië. Serie "Economie in landen". - 2021. - 77 pages.

Dit boek over de economie van Oceanië van de jaren 1970 tot de jaren 2010. Brongegevens uit UN Data.

Grootte. In de jaren 2010 was het bruto binnenlands product van Oceanië gelijk aan US$1,7 biljoen per jaar; de waarde van de landbouw was US$48,8 miljard; de waarde van de industrie was US$279,8 miljard.

Productiviteit. In de jaren 2010 bedroeg het bruto binnenlands product per hoofd van de bevolking $42.253,4, de waarde van de landbouw per hoofd $1.242,3, de waarde van de industrie per hoofd $7.127,9. Omdat de productiviteit hoger is dan het gemiddelde, wordt de economie geclassificeerd als hoog ontwikkeld.

Groei. In de jaren 2010 bedroeg de groei van het bruto binnenlands product 2,5%; de groei van de landbouw was -0,30%; de groei van de industrie was 2,6%.

Structuur. In de jaren 2010 omvatte de economie van Oceanië: diensten (51,4%), industrie (18,1%), handel (11,6%), constructie (8,1%), transport (7,8%) en landbouw (3,2%).

Uitvoer en invoer. In de jaren 2010 was de uitvoer 0,30% hoger dan de invoer, de netto-uitvoer was gelijk aan 0,069% van het BBP.

Consumptie en reproductie. De houding van reproductie ten opzichte van de consumptie is beter dan het mondiale gemiddelde, dus het aandeel van het BBP in de wereld zal toenemen.

Serie "Economie in landen": parallel.page.link/nl

ISBN: 9798701846935

Inhoud

Part I. Grootte

	de jaren 2010
BBP	US$1,7 biljoen
Het aandeel in de wereld	2,1%

Hoofdstuk I. Bruto binnenlands product

Het bruto binnenlands product van Oceanië steeg van US$115,2 miljard per jaar in de jaren 1970 tot US$1,7 biljoen per jaar in de jaren 2010, dat wil zeggen met US$1,5 biljoen of 14,4 keer. De verandering vond plaats op US$1,3 biljoen als gevolg van een 4,4-voudige stijging van de prijzen, en ook op US$165,1 miljard als gevolg van een 1,8-voudige toename van de productiviteit , evenals op US$96,7 miljard als gevolg van de toename van de bevolking. De gemiddelde jaarlijkse groei van het BBP is 2,9%. De minimumwaarde van het BBP bedroeg US$53,8 miljard in 1970. De maximumwaarde van het BBP bedroeg US$1,8 biljoen in 2012.

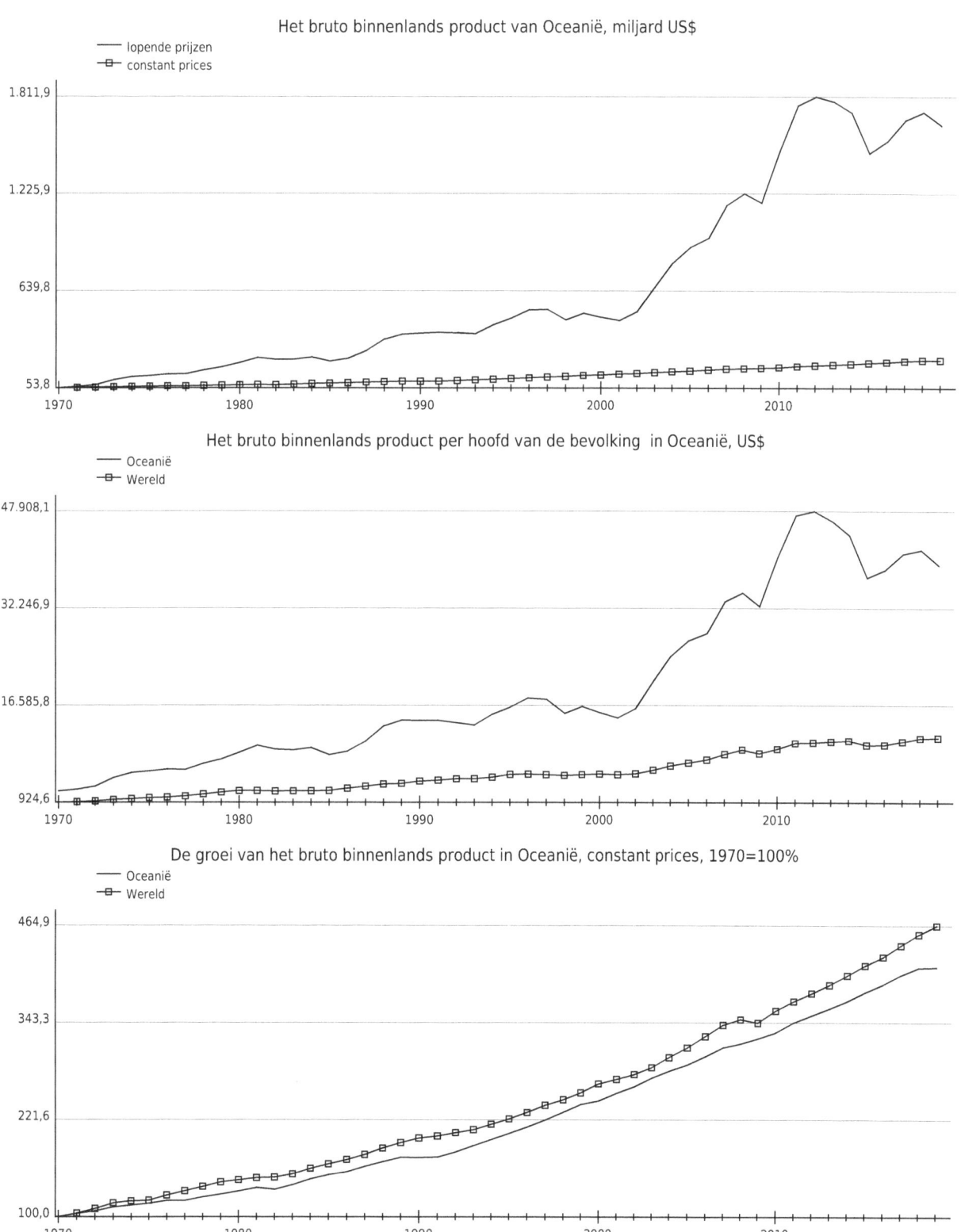

de jaren 1970

Het BBP van Oceanië bedroeg in de jaren 1970 US$115,2 miljard per jaar, en was vergelijkbaar met West-Afrika (US$113,3 miljard). Het aandeel in de wereld was 1,8%.

Het bruto binnenlands product van Oceanië bestond uit: huishoudelijke uitgaven (56,3%), kapitaalvorming (27,5%) en overheidsuitgaven (17,1%).

Het bruto binnenlands product per hoofd in Oceanië was $5.398,2 in de jaren 1970s, en was vergelijkbaar met Nieuw-Caledonië (US$5,4 duizend), Finland (US$5,5 duizend), Libië (US$5,3 duizend). Het bruto binnenlands product per hoofd in Oceanië was in 3,3 keer hoger dan het bruto binnenlands product per hoofd van de bevolking in de wereld ($1.620,8).

De groei van het bruto binnenlands product in Oceanië bedroeg 2.8% in de jaren 1970, en was vergelijkbaar met Noord-Europa (2,8%), Luxemburg (2,8%), Australazië (2,8%). De groei van het bruto binnenlands product in Oceanië (2,8%) was minder dan de groei van het bruto binnenlands product in de wereld (4,1%).

Vergelijking met regio's. Het BBP van Oceanië was minder dan in Europa (US$2,7 biljoen), in Amerika (US$2,3 biljoen), in Azië (US$1,2 biljoen) en in Afrika (US$266,0 miljard). Het bruto binnenlands product per hoofd in Oceanië was groter dan in Amerika (US$4,0 duizend), in Europa (US$3,7 duizend), in Afrika (US$648,3) en in Azië (US$525,2). De groei van het BBP in Oceanië was minder dan in Azië (5,5%), in Afrika (4,5%), in Amerika (4,1%) en in Europa (3,6%).

Subregio's. Het BBP van Oceanië in de jaren 1970 bestond uit: Australazië (95,9%), Melanesië (3,2%), Polynesië (0,71%) en Micronesië (0,13%). Het BBP per hoofd van de bevolking in subregio's: Australazië ($6.623,8), Polynesië ($2.067,7), Micronesië ($934,6) en Melanesië ($909,0). De groei van het BBP in subregio's: Polynesië (4,8%), Australazië (2,8%), Micronesië (2,6%) en Melanesië (2,5%).

Leiders. Het bruto binnenlands product van Oceanië in de jaren 1970 bestond uit: Australië (84,3%), Nieuw-Zeeland (11,6%), Papoea-Nieuw-Guinea (2,0%), Nieuw-Caledonië (0,60%), Frans-Polynesië (0,59%). Het bruto binnenlands product per hoofd in Oceanië onder de leiders: Australië ($7.112,5), Nieuw-Caledonië ($5.438,2), Frans-Polynesië ($5.252,7), Nieuw-Zeeland ($4.414,8) en Papoea-Nieuw-Guinea ($747,7). De groei van het BBP onder de leiders: Frans-Polynesië (5,6%), Australië (2,9%), Nieuw-Zeeland (2,2%), Papoea-Nieuw-Guinea (1,7%) en Nieuw-Caledonië (1,7%).

de jaren 1980

Het BBP van Oceanië bedroeg in de jaren 1980 US$257,5 miljard per jaar, en was vergelijkbaar met Zuidoost-Azië (US$252,8 miljard), Spanje (US$251,6 miljard). Het aandeel in de wereld was 1,7%.

Het BBP van Oceanië bestond uit: huishoudelijke uitgaven (56,2%), kapitaalvorming (27,7%) en overheidsuitgaven (18,4%).

Het BBP per hoofd in Oceanië was $10.390,7 in de jaren 1980s, en was vergelijkbaar met Italië (US$10,4 duizend), Bahrein (US$10,2 duizend). Het BBP per hoofd in Oceanië was in 3,3 keer hoger dan het bruto binnenlands product per hoofd van de bevolking in de wereld ($3.123,4).

De groei van het BBP in Oceanië bedroeg 3.1% in de jaren 1980, en was vergelijkbaar met Oeganda (3,1%), Australazië (3,1%). De groei van het BBP in Oceanië (3,1%) was groter dan de groei van het bruto binnenlands product in de wereld (3,0%).

Vergelijking met regio's. Het BBP van Oceanië was minder dan in Europa (US$5,4 biljoen), in Amerika (US$5,4 biljoen), in Azië (US$3,5 biljoen) en in Afrika (US$538,1 miljard). Het bruto binnenlands product per hoofd in Oceanië was groter dan in Amerika (US$8,2 duizend), in Europa (US$7,1 duizend), in Azië (US$1.222,0) en in Afrika (US$993,3). De groei van het BBP in Oceanië was groter dan in Amerika (2,8%), in Europa (2,5%) en in Afrika (1,8%); maar minder dan in Azië (4,6%).

Subregio's. Het BBP van Oceanië in de jaren 1980 bestond uit: Australazië (96,2%), Melanesië (2,8%), Polynesië (0,90%) en Micronesië (0,11%). Het bruto binnenlands product per hoofd van de bevolking in subregio's: Australazië ($13.149,5), Polynesië ($5.111,5), Melanesië ($1.351,5) en Micronesië ($1.311,6). De groei van het BBP in subregio's: Polynesië (4,6%), Australazië (3,1%), Melanesië (2,3%) en Micronesië (0,52%).

Leiders. Het BBP van Oceanië in de jaren 1980 bestond uit: Australië (84,3%), Nieuw-Zeeland (11,9%), Papoea-Nieuw-Guinea (1,7%), Frans-Polynesië (0,80%), Nieuw-Caledonië (0,48%). Het BBP per hoofd in Oceanië onder de leiders: Australië ($13.928,5), Frans-Polynesië ($11.857,4), Nieuw-Zeeland ($9.416,2), Nieuw-Caledonië ($8.037,8) en Papoea-Nieuw-Guinea ($1.092,2). De groei van het bruto binnenlands product onder de leiders: Frans-Polynesië (5,3%), Nieuw-Caledonië (4,5%), Australië (3,4%), Nieuw-Zeeland

(1,7%) en Papoea-Nieuw-Guinea (1,4%).

de jaren 1990

Het BBP van Oceanië bedroeg in de jaren 1990 US$445,6 miljard per jaar, en was vergelijkbaar met Zuid-Korea (US$445,3 miljard), Mexico (US$450,1 miljard). Het aandeel in de wereld was 1,6%.

Het BBP van Oceanië bestond uit: huishoudelijke uitgaven (57,9%), kapitaalvorming (24,4%) en overheidsuitgaven (18,3%).

Het BBP per hoofd in Oceanië was $15.413,2 in de jaren 1990s, en was vergelijkbaar met Macau (US$15,3 duizend), Nieuw-Zeeland (US$15,1 duizend). Het BBP per hoofd in Oceanië was in 3,1 keer hoger dan het bruto binnenlands product per hoofd van de bevolking in de wereld ($5.020,1).

De groei van het bruto binnenlands product in Oceanië bedroeg 3.3% in de jaren 1990, en was vergelijkbaar met Noord-Afrika (3,3%), Australazië (3,3%). De groei van het BBP in Oceanië (3,3%) was groter dan de groei van het bruto binnenlands product in de wereld (2,8%).

Vergelijking met regio's. Het BBP van Oceanië was minder dan in Amerika (US$10,0 biljoen), in Europa (US$9,8 biljoen), in Azië (US$7,8 biljoen) en in Afrika (US$590,3 miljard). Het BBP per hoofd in Oceanië was groter dan in Europa (US$13,5 duizend), in Amerika (US$13,0 duizend), in Azië (US$2,2 duizend) en in Afrika (US$833,3). De groei van het BBP in Oceanië was groter dan in Amerika (3,1%), in Afrika (2,4%) en in Europa (1,4%); maar minder dan in Azië (4,7%).

Subregio's. Het BBP van Oceanië in de jaren 1990 bestond uit: Australazië (96,1%), Melanesië (2,7%), Polynesië (1,0%) en Micronesië (0,11%). Het BBP per hoofd van de bevolking in subregio's: Australazië ($19.910,7), Polynesië ($8.835,0), Micronesië ($1.962,4) en Melanesië ($1.835,6). De groei van het BBP in subregio's: Melanesië (3,6%), Australazië (3,3%), Polynesië (1,9%) en Micronesië (0,77%).

Leiders. Het BBP van Oceanië in de jaren 1990 bestond uit: Australië (83,8%), Nieuw-Zeeland (12,3%), Papoea-Nieuw-Guinea (1,5%), Frans-Polynesië (0,90%), Nieuw-Caledonië (0,72%). Het BBP per hoofd in Oceanië onder de leiders: Australië ($20.876,6), Frans-Polynesië ($18.501,7), Nieuw-Caledonië ($16.720,3), Nieuw-Zeeland ($15.147,8) en Papoea-Nieuw-Guinea ($1.291,0). De groei van het BBP onder de leiders: Papoea-Nieuw-Guinea (4,5%), Australië (3,3%), Nieuw-Zeeland (2,9%), Nieuw-Caledonië (2,1%) en Frans-Polynesië (1,9%).

de jaren 2000

Het BBP van Oceanië bedroeg in de jaren 2000 US$832,3 miljard per jaar, en was vergelijkbaar met India (US$831,2 miljard), Zuid-Korea (US$839,9 miljard). Het aandeel in de wereld was 1,8%.

Het BBP van Oceanië bestond uit: huishoudelijke uitgaven (57,0%), kapitaalvorming (26,5%) en overheidsuitgaven (17,8%).

Het BBP per hoofd in Oceanië was $24.984,1 in de jaren 2000s, en was vergelijkbaar met Spanje (US$24,9 duizend), Cyprus (US$24,4 duizend). Het BBP per hoofd in Oceanië was in 3,5 keer hoger dan het bruto binnenlands product per hoofd van de bevolking in de wereld ($7.176,3).

De groei van het BBP in Oceanië bedroeg 3% in de jaren 2000, en was vergelijkbaar met Kroatië (3,0%), de Wereld (3,0%), Palestina (3,0%). De groei van het bruto binnenlands product in Oceanië (3,0%) was groter dan de groei van het bruto binnenlands product in de wereld (3,0%).

Vergelijking met regio's. Het BBP van Oceanië was minder dan in Amerika (US$16,7 biljoen), in Europa (US$15,4 biljoen), in Azië (US$12,6 biljoen) en in Afrika (US$1,1 biljoen). Het bruto binnenlands product per hoofd in Oceanië was groter dan in Europa (US$21,1 duizend), in Amerika (US$19,0 duizend), in Azië (US$3,2 duizend) en in Afrika (US$1.228,8). De groei van het bruto binnenlands product in Oceanië was groter dan in Amerika (2,1%) en in Europa (1,8%); maar minder dan in Azië (5,2%) en in Afrika (5,1%).

Subregio's. Het BBP van Oceanië in de jaren 2000 bestond uit: Australazië (97,1%), Melanesië (2,0%), Polynesië (0,75%) en Micronesië (0,083%). Het BBP per hoofd van de bevolking in subregio's: Australazië ($33.291,6), Polynesië ($11.085,2), Micronesië ($2.466,2) en Melanesië ($2.083,3). De groei van het BBP in subregio's: Australazië (3,0%), Melanesië (2,5%), Polynesië (1,6%) en Micronesië (0,30%).

Leiders. Het BBP van Oceanië in de jaren 2000 bestond uit: Australië (85,4%), Nieuw-Zeeland (11,7%), Papoea-Nieuw-Guinea (0,90%), Nieuw-Caledonië (0,73%), Frans-Polynesië (0,65%). Het bruto binnenlands product per hoofd in Oceanië onder de leiders: Australië

($35.218,6), Nieuw-Caledonië ($26.009,2), Nieuw-Zeeland ($23.804,1), Frans-Polynesië ($21.025,0) en Papoea-Nieuw-Guinea ($1.161,8). De groei van het BBP onder de leiders: Nieuw-Caledonië (3,2%), Australië (3,0%), Nieuw-Zeeland (2,9%), Papoea-Nieuw-Guinea (2,5%) en Frans-Polynesië (1,4%).

de jaren 2010

Het bruto binnenlands product van Oceanië bedroeg in de jaren 2010 US$1,7 biljoen per jaar. Het aandeel in de wereld was 2,1%.

Het BBP van Oceanië bestond uit: huishoudelijke uitgaven (56,9%), kapitaalvorming (25,1%) en overheidsuitgaven (18,6%).

Het bruto binnenlands product per hoofd in Oceanië was $42.253,4 in de jaren 2010s, en was vergelijkbaar met het Verenigd Koninkrijk (US$42,2 duizend), Hongkong (US$41,9 duizend). Het BBP per hoofd in Oceanië was in 4,0 keer hoger dan het bruto binnenlands product per hoofd van de bevolking in de wereld ($10.603,1).

De groei van het BBP in Oceanië bedroeg 2.5% in de jaren 2010, en was vergelijkbaar met Zweden (2,5%). De groei van het BBP in Oceanië (2,5%) was minder dan de groei van het bruto binnenlands product in de wereld (3,1%).

Vergelijking met regio's. Het bruto binnenlands product van Oceanië was 16,5 keer minder dan in Azië (US$27,4 biljoen), 15,4 keer minder dan in Amerika (US$25,5 biljoen), 12,6 keer minder dan in Europa (US$21,0 biljoen) en 28,3% minder dan in Afrika (US$2,3 biljoen). Het bruto binnenlands product per hoofd in Oceanië was 49,9% groter dan in Europa (US$28,2 duizend), 61,7% groter dan in Amerika (US$26,1 duizend), 6,8 keer groter dan in Azië (US$6,2 duizend) en 21,3 keer groter dan in Afrika (US$1.979,5). De groei van het bruto binnenlands product in Oceanië was groter dan in Amerika (2,2%) en in Europa (1,6%); maar minder dan in Azië (5,2%) en in Afrika (2,9%).

Subregio's. Het BBP van Oceanië in de jaren 2010 bestond uit: Australazië (97,2%), Melanesië (2,3%), Polynesië (0,45%) en Micronesië (0,065%). Het bruto binnenlands product per hoofd van de bevolking in subregio's: Australazië ($56.950,8), Polynesië ($12.533,7), Melanesië ($3.732,2) en Micronesië ($3.554,6). De groei van het bruto binnenlands product in subregio's: Melanesië (4,6%), Micronesië (2,8%), Australazië (2,4%) en Polynesië (0,90%).

Leiders. Het BBP van Oceanië in de jaren 2010 bestond uit: Australië (86,0%), Nieuw-Zeeland (11,3%), Papoea-Nieuw-Guinea (1,3%), Nieuw-Caledonië (0,59%), Frans-Polynesië (0,36%). Het bruto binnenlands product per hoofd in Oceanië onder de leiders: Australië ($60.077,9), Nieuw-Zeeland ($40.763,6), Nieuw-Caledonië ($36.240,0), Frans-Polynesië ($21.613,2) en Papoea-Nieuw-Guinea ($2.643,7). De groei van het BBP onder de leiders: Papoea-Nieuw-Guinea (5,4%), Nieuw-Zeeland (2,9%), Nieuw-Caledonië (2,4%), Australië (2,4%) en Frans-Polynesië (0,58%).

Hoofdstuk II. Toegevoegde waarde

De toegevoegde waarde van Oceanië steeg van US$108,3 miljard per jaar in de jaren 1970 tot US$1,5 biljoen per jaar in de jaren 2010, dat wil zeggen met US$1,4 biljoen of 14,3 keer. De verandering vond plaats op US$1,2 biljoen als gevolg van een 4,2-voudige stijging van de prijzen, en ook op US$170,3 miljard als gevolg van een 1,9-voudige toename van de productiviteit , evenals op US$90,9 miljard als gevolg van de toename van de bevolking. De gemiddelde jaarlijkse groei van de toegevoegde waarde is 3,1%. De minimumwaarde van de toegevoegde waarde bedroeg US$48,5 miljard in 1970. De maximumwaarde van de toegevoegde waarde bedroeg US$1,7 biljoen in 2012.

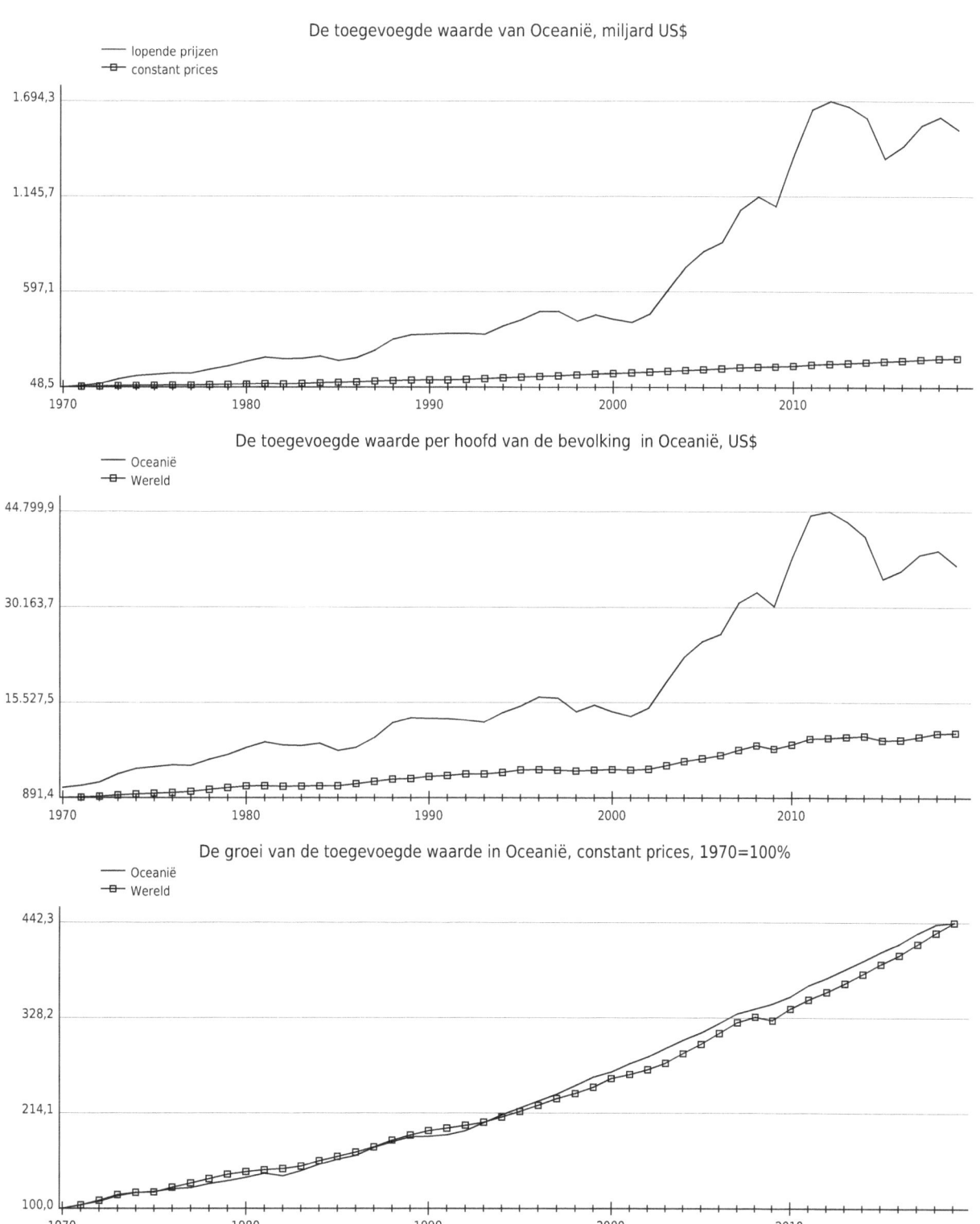

De toegevoegde waarde van Oceanië, miljard US$

De toegevoegde waarde per hoofd van de bevolking in Oceanië, US$

De groei van de toegevoegde waarde in Oceanië, constant prices, 1970=100%

de jaren 1970

De toegevoegde waarde van Oceanië bedroeg in de jaren 1970 US$108,3 miljard per jaar, en was vergelijkbaar met West-Afrika (US$109,0 miljard). Het aandeel in de wereld was 1,7%.

De totale toegevoegde waarde van Oceanië bestond uit: diensten (36,4%), industrie (27,9%), handel (11,8%), vervoer (8,3%), constructie (8,2%) en landbouw (7,4%).

De toegevoegde waarde per hoofd in Oceanië was $5.074,3 in de jaren 1970s, en was vergelijkbaar met Libië (US$5,2 duizend), Noord-Europa (US$5,0 duizend). De toegevoegde waarde per hoofd in Oceanië was in 3,2 keer hoger dan de toegevoegde waarde per hoofd van de bevolking in de wereld ($1.564,4).

De groei van de toegevoegde waarde in Oceanië bedroeg 3.2% in de jaren 1970, en was vergelijkbaar met Australazië (3,2%), Burkina Faso (3,2%). De groei van de toegevoegde waarde in Oceanië (3,2%) was minder dan de groei van de toegevoegde waarde in de wereld (3,9%).

Vergelijking met regio's. De toegevoegde waarde van Oceanië was minder dan in Europa (US$2,5 biljoen), in Amerika (US$2,2 biljoen), in Azië (US$1,2 biljoen) en in Afrika (US$254,0 miljard). De toegevoegde waarde per hoofd in Oceanië was groter dan in Amerika (US$4,0 duizend), in Europa (US$3,5 duizend), in Afrika (US$619,0) en in Azië (US$508,3). De groei van de toegevoegde waarde in Oceanië was minder dan in Azië (5,5%), in Afrika (4,9%), in Amerika (3,5%) en in Europa (3,4%).

Subregio's. De toegevoegde waarde van Oceanië in de jaren 1970 bestond uit: Australazië (95,4%), Melanesië (3,8%), Polynesië (0,69%) en Micronesië (0,14%). De toegevoegde waarde per hoofd van de bevolking in subregio's: Australazië ($6.193,3), Polynesië ($1.902,9), Melanesië ($991,9) en Micronesië ($912,7). De groei van de toegevoegde waarde in subregio's: Polynesië (4,6%), Australazië (3,2%), Melanesië (3,1%) en Micronesië (2,9%).

Leiders. De toegevoegde waarde van Oceanië in de jaren 1970 bestond uit: Australië (83,3%), Nieuw-Zeeland (12,1%), Papoea-Nieuw-Guinea (2,4%), Nieuw-Caledonië (0,63%), Frans-Polynesië (0,57%). De toegevoegde waarde per hoofd in Oceanië onder de leiders: Australië ($6.606,1), Nieuw-Caledonië ($5.442,8), Frans-Polynesië ($4.795,1), Nieuw-Zeeland ($4.326,7) en Papoea-Nieuw-Guinea ($851,5). De groei van de toegevoegde waarde onder de leiders: Frans-Polynesië (5,5%), Australië (3,3%), Papoea-Nieuw-Guinea (2,9%), Nieuw-Zeeland (2,6%) en Nieuw-Caledonië (1,7%).

de jaren 1980

De toegevoegde waarde van Oceanië bedroeg in de jaren 1980 US$242,8 miljard per jaar, en was vergelijkbaar met Brazilië (US$238,2 miljard). Het aandeel in de wereld was 1,7%.

De totale toegevoegde waarde van Oceanië bestond uit: diensten (40,2%), industrie (26,3%), handel (12,2%), transport (8,9%), bouw (6,9%) en landbouw (5,6%).

De toegevoegde waarde per hoofd in Oceanië was $9.797,7 in de jaren 1980s, en was vergelijkbaar met Italië (US$9,8 duizend), Saoedi-Arabië (US$9,6 duizend). De toegevoegde waarde per hoofd in Oceanië was in 3,2 keer hoger dan de toegevoegde waarde per hoofd van de bevolking in de wereld ($3.029,9).

De groei van de toegevoegde waarde in Oceanië bedroeg 3.4% in de jaren 1980, en was vergelijkbaar met Oost-Europa (3,4%), Burundi (3,4%), Paraguay (3,4%). De groei van de toegevoegde waarde in Oceanië (3,4%) was groter dan de groei van de toegevoegde waarde in de wereld (2,9%).

Vergelijking met regio's. De toegevoegde waarde van Oceanië was minder dan in Amerika (US$5,4 biljoen), in Europa (US$5,1 biljoen), in Azië (US$3,4 biljoen) en in Afrika (US$513,9 miljard). De toegevoegde waarde per hoofd in Oceanië was groter dan in Amerika (US$8,2 duizend), in Europa (US$6,6 duizend), in Azië (US$1.191,9) en in Afrika (US$948,7). De groei van de toegevoegde waarde in Oceanië was groter dan in Amerika (2,7%), in Europa (2,6%) en in Afrika (1,2%); maar minder dan in Azië (4,3%).

Subregio's. De toegevoegde waarde van Oceanië in de jaren 1980 bestond uit: Australazië (95,9%), Melanesië (3,2%), Polynesië (0,87%) en Micronesië (0,11%). De toegevoegde waarde per hoofd van de bevolking in subregio's: Australazië ($12.350,9), Polynesië ($4.663,5), Melanesië ($1.457,2) en Micronesië ($1.305,2). De groei van de toegevoegde waarde in subregio's: Polynesië (4,4%), Australazië (3,4%), Melanesië (1,9%) en Micronesië (0,26%).

Leiders. De toegevoegde waarde van Oceanië in de jaren 1980 bestond uit: Australië (83,8%), Nieuw-Zeeland (12,1%),

Papoea-Nieuw-Guinea (2,0%), Frans-Polynesië (0,78%), Nieuw-Caledonië (0,51%). De toegevoegde waarde per hoofd in Oceanië onder de leiders: Australië ($13.044,0), Frans-Polynesië ($10.812,8), Nieuw-Zeeland ($9.029,3), Nieuw-Caledonië ($8.037,8) en Papoea-Nieuw-Guinea ($1.221,0). De groei van de toegevoegde waarde onder de leiders: Frans-Polynesië (5,4%), Nieuw-Caledonië (4,5%), Australië (3,7%), Nieuw-Zeeland (1,9%) en Papoea-Nieuw-Guinea (0,71%).

de jaren 1990

De toegevoegde waarde van Oceanië bedroeg in de jaren 1990 US$411,7 miljard per jaar, en was vergelijkbaar met Zuid-Korea (US$404,9 miljard). Het aandeel in de wereld was 1,5%.

De totale toegevoegde waarde van Oceanië bestond uit: diensten (45,1%), industrie (21,6%), handel (13,5%), vervoer (9,4%), constructie (6,2%) en landbouw (4,3%).

De toegevoegde waarde per hoofd in Oceanië was $14.241,8 in de jaren 1990s, en was vergelijkbaar met Nieuw-Zeeland (US$14,1 duizend). De toegevoegde waarde per hoofd in Oceanië was in 3,0 keer hoger dan de toegevoegde waarde per hoofd van de bevolking in de wereld ($4.799,9).

De groei van de toegevoegde waarde in Oceanië bedroeg 3.3% in de jaren 1990, en was vergelijkbaar met Malawi (3,3%), Australazië (3,3%), Melanesië (3,3%). De groei van de toegevoegde waarde in Oceanië (3,3%) was groter dan de groei van de toegevoegde waarde in de wereld (2,7%).

Vergelijking met regio's. De toegevoegde waarde van Oceanië was minder dan in Amerika (US$9,9 biljoen), in Europa (US$8,9 biljoen), in Azië (US$7,6 biljoen) en in Afrika (US$561,8 miljard). De toegevoegde waarde per hoofd in Oceanië was groter dan in Amerika (US$12,8 duizend), in Europa (US$12,3 duizend), in Azië (US$2,2 duizend) en in Afrika (US$793,2). De groei van de toegevoegde waarde in Oceanië was groter dan in Amerika (2,8%), in Afrika (2,3%) en in Europa (1,3%); maar minder dan in Azië (4,6%).

Subregio's. De toegevoegde waarde van Oceanië in de jaren 1990 bestond uit: Australazië (95,9%), Melanesië (3,0%), Polynesië (1,00%) en Micronesië (0,12%). De toegevoegde waarde per hoofd van de bevolking in subregio's: Australazië ($18.349,3), Polynesië ($8.049,3), Micronesië ($1.934,8) en Melanesië ($1.857,0). De groei van de toegevoegde waarde in subregio's: Melanesië (3,3%), Australazië (3,3%), Polynesië (1,8%) en Micronesië (0,47%).

Leiders. De toegevoegde waarde van Oceanië in de jaren 1990 bestond uit: Australië (83,5%), Nieuw-Zeeland (12,4%), Papoea-Nieuw-Guinea (1,7%), Frans-Polynesië (0,89%), Nieuw-Caledonië (0,76%). De toegevoegde waarde per hoofd in Oceanië onder de leiders: Australië ($19.218,8), Frans-Polynesië ($16.841,4), Nieuw-Caledonië ($16.282,3), Nieuw-Zeeland ($14.061,8) en Papoea-Nieuw-Guinea ($1.340,3). De groei van de toegevoegde waarde onder de leiders: Papoea-Nieuw-Guinea (4,5%), Australië (3,4%), Nieuw-Zeeland (2,6%), Frans-Polynesië (1,7%) en Nieuw-Caledonië (1,3%).

de jaren 2000

De toegevoegde waarde van Oceanië bedroeg in de jaren 2000 US$768,7 miljard per jaar, en was vergelijkbaar met India (US$760,7 miljard), Zuid-Korea (US$760,6 miljard). Het aandeel in de wereld was 1,7%.

De totale toegevoegde waarde van Oceanië bestond uit: diensten (48,2%), industrie (19,8%), handel (12,7%), vervoer (8,7%), bouw (7,1%) en landbouw (3,5%).

De toegevoegde waarde per hoofd in Oceanië was $23.074,9 in de jaren 2000s, en was vergelijkbaar met Aruba (US$22,8 duizend), Spanje (US$22,7 duizend). De toegevoegde waarde per hoofd in Oceanië was in 3,4 keer hoger dan de toegevoegde waarde per hoofd van de bevolking in de wereld ($6.818,0).

De groei van de toegevoegde waarde in Oceanië bedroeg 3% in de jaren 2000, en was vergelijkbaar met Somalië (3,0%), Brazilië (3,0%), Slovenië (3,0%). De groei van de toegevoegde waarde in Oceanië (3,0%) was groter dan de groei van de toegevoegde waarde in de wereld (2,9%).

Vergelijking met regio's. De toegevoegde waarde van Oceanië was minder dan in Amerika (US$16,4 biljoen), in Europa (US$13,8 biljoen), in Azië (US$12,3 biljoen) en in Afrika (US$1,1 biljoen). De toegevoegde waarde per hoofd in Oceanië was groter dan in Europa (US$18,9 duizend), in Amerika (US$18,6 duizend), in Azië (US$3,1 duizend) en in Afrika (US$1.165,9). De groei van de toegevoegde waarde in Oceanië was groter dan in Amerika (1,9%) en in Europa (1,7%); maar minder dan in Azië (5,1%) en in Afrika (4,9%).

Subregio's. De toegevoegde waarde van Oceanië in de jaren 2000 bestond uit: Australazië (97,1%), Melanesië (2,1%), Polynesië (0,74%) en Micronesië (0,085%). De toegevoegde waarde per hoofd van de bevolking in subregio's: Australazië ($30.738,7), Polynesië ($10.021,9), Micronesië ($2.335,8) en Melanesië ($1.963,3). De groei van de toegevoegde waarde in subregio's: Australazië (3,0%), Melanesië (2,1%), Polynesië (1,8%) en Micronesië (0,61%).

Leiders. De toegevoegde waarde van Oceanië in de jaren 2000 bestond uit: Australië (85,3%), Nieuw-Zeeland (11,8%), Papoea-Nieuw-Guinea (0,94%), Nieuw-Caledonië (0,73%), Frans-Polynesië (0,63%). De toegevoegde waarde per hoofd in Oceanië onder de leiders: Australië ($32.500,0), Nieuw-Caledonië ($24.018,6), Nieuw-Zeeland ($22.066,7), Frans-Polynesië ($18.908,6) en Papoea-Nieuw-Guinea ($1.115,8). De groei van de toegevoegde waarde onder de leiders: Nieuw-Caledonië (3,2%), Australië (3,1%), Nieuw-Zeeland (2,5%), Papoea-Nieuw-Guinea (1,7%) en Frans-Polynesië (1,6%).

de jaren 2010

De toegevoegde waarde van Oceanië bedroeg in de jaren 2010 US$1,5 biljoen per jaar, en was vergelijkbaar met Rusland (US$1,6 biljoen). Het aandeel in de wereld was 2,1%.

De totale toegevoegde waarde van Oceanië bestond uit: diensten (51,4%), industrie (18,1%), handel (11,6%), constructie (8,1%), transport (7,8%) en landbouw (3,2%).

De toegevoegde waarde per hoofd in Oceanië was $39.391,3 in de jaren 2010s, en was vergelijkbaar met België (US$40,3 duizend), Duitsland (US$40,3 duizend). De toegevoegde waarde per hoofd in Oceanië was in 3,9 keer hoger dan de toegevoegde waarde per hoofd van de bevolking in de wereld ($10.094,6).

De groei van de toegevoegde waarde in Oceanië bedroeg 2.5% in de jaren 2010, en was vergelijkbaar met Swaziland (2,5%). De groei van de toegevoegde waarde in Oceanië (2,5%) was minder dan de groei van de toegevoegde waarde in de wereld (3,1%).

Vergelijking met regio's. De toegevoegde waarde van Oceanië was 17,3 keer minder dan in Azië (US$26,7 biljoen), 16,0 keer minder dan in Amerika (US$24,8 biljoen), 12,1 keer minder dan in Europa (US$18,8 biljoen) en 29,8% minder dan in Afrika (US$2,2 biljoen). De toegevoegde waarde per hoofd in Oceanië was 55,0% groter dan in Amerika (US$25,4 duizend), 56,0% groter dan in Europa (US$25,3 duizend), 6,5 keer groter dan in Azië (US$6,1 duizend) en 20,9 keer groter dan in Afrika (US$1.886,4). De groei van de toegevoegde waarde in Oceanië was groter dan in Amerika (2,1%) en in Europa (1,6%); maar minder dan in Azië (5,3%) en in Afrika (2,7%).

Subregio's. De toegevoegde waarde van Oceanië in de jaren 2010 bestond uit: Australazië (97,2%), Melanesië (2,3%), Polynesië (0,44%) en Micronesië (0,067%). De toegevoegde waarde per hoofd van de bevolking in subregio's: Australazië ($53.096,2), Polynesië ($11.395,6), Melanesië ($3.485,2) en Micronesië ($3.404,0). De groei van de toegevoegde waarde in subregio's: Melanesië (4,7%), Micronesië (3,0%), Australazië (2,5%) en Polynesië (0,93%).

Leiders. De toegevoegde waarde van Oceanië in de jaren 2010 bestond uit: Australië (86,2%), Nieuw-Zeeland (11,1%), Papoea-Nieuw-Guinea (1,3%), Nieuw-Caledonië (0,58%), Frans-Polynesië (0,34%). De toegevoegde waarde per hoofd in Oceanië onder de leiders: Australië ($56.144,5), Nieuw-Zeeland ($37.316,8), Nieuw-Caledonië ($33.353,9), Frans-Polynesië ($19.483,7) en Papoea-Nieuw-Guinea ($2.536,6). De groei van de toegevoegde waarde onder de leiders: Papoea-Nieuw-Guinea (5,6%), Nieuw-Caledonië (2,9%), Nieuw-Zeeland (2,8%), Australië (2,4%) en Frans-Polynesië (0,65%).

Hoofdstuk III. Bruto nationaal inkomen

Het bruto nationaal inkomen van Oceanië steeg van US$113,8 miljard per jaar in de jaren 1970 tot US$1,6 biljoen per jaar in de jaren 2010, dat wil zeggen met US$1,5 biljoen of 14,2 keer. De verandering vond plaats op US$1,2 biljoen als gevolg van een 4,4-voudige stijging van de prijzen, en ook op US$156,8 miljard als gevolg van een 1,7-voudige toename van de productiviteit , evenals op US$95,6 miljard als gevolg van de toename van de bevolking. De gemiddelde jaarlijkse groei van het bruto nationaal inkomen is 2,9%. De minimumwaarde van het BNI bedroeg US$53,1 miljard in 1970. De maximumwaarde van het bruto nationaal inkomen bedroeg US$1,8 biljoen in 2012.

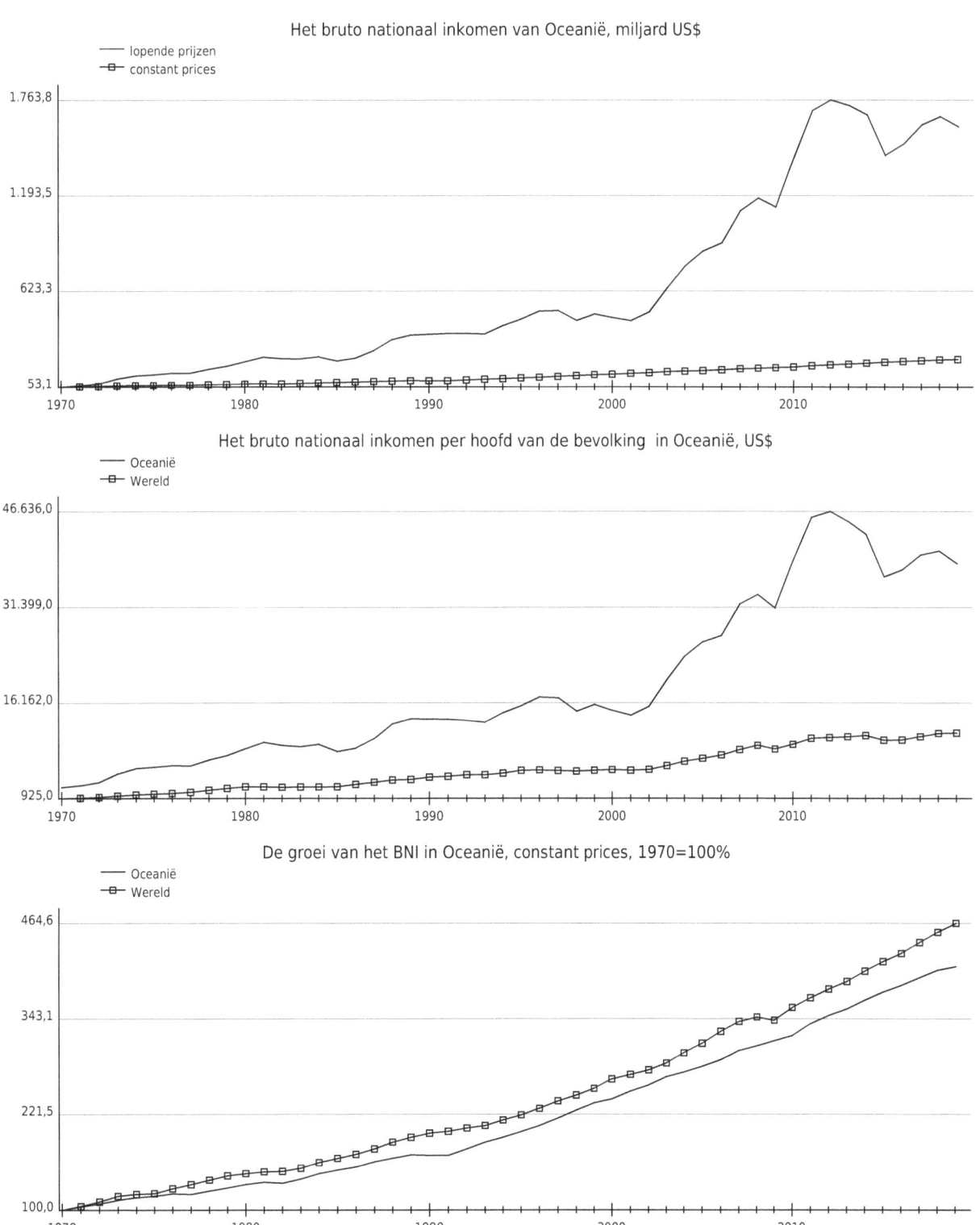

Het bruto nationaal inkomen van Oceanië, miljard US$

Het bruto nationaal inkomen per hoofd van de bevolking in Oceanië, US$

De groei van het BNI in Oceanië, constant prices, 1970=100%

de jaren 1970

Het bruto nationaal inkomen van Oceanië bedroeg in de jaren 1970 US$113,8 miljard per jaar, en was vergelijkbaar met West-Afrika (US$111,9 miljard). Het aandeel in de wereld was 1,7%.

Het bruto nationaal inkomen per hoofd in Oceanië was $5.334,5 in de jaren 1970s, en was vergelijkbaar met Noord-Europa (US$5,3 duizend), Finland (US$5,4 duizend), Frans-Polynesië (US$5,3 duizend). Het bruto nationaal inkomen per hoofd in Oceanië was in 3,3 keer hoger dan het bruto nationaal inkomen per hoofd van de bevolking in de wereld ($1.624,3).

De groei van het BNI in Oceanië bedroeg 2.8% in de jaren 1970, en was vergelijkbaar met Australazië (2,8%). De groei van het bruto nationaal inkomen in Oceanië (2,8%) was minder dan de groei van het BNI in de wereld (4,1%).

Vergelijking met regio's. Het BNI van Oceanië was minder dan in Europa (US$2,7 biljoen), in Amerika (US$2,3 biljoen), in Azië (US$1,2 biljoen) en in Afrika (US$259,5 miljard). Het BNI per hoofd in Oceanië was groter dan in Amerika (US$4,0 duizend), in Europa (US$3,7 duizend), in Afrika (US$632,4) en in Azië (US$529,4). De groei van het bruto nationaal inkomen in Oceanië was minder dan in Azië (5,5%), in Afrika (4,7%), in Amerika (4,0%) en in Europa (3,6%).

Subregio's. Het bruto nationaal inkomen van Oceanië in de jaren 1970 bestond uit: Australazië (96,2%), Melanesië (3,0%), Polynesië (0,73%) en Micronesië (0,14%). Het BNI per hoofd van de bevolking in subregio's: Australazië ($6.561,9), Polynesië ($2.102,9), Micronesië ($998,9) en Melanesië ($823,7). De groei van het bruto nationaal inkomen in subregio's: Polynesië (4,7%), Micronesië (2,8%), Australazië (2,8%) en Melanesië (2,4%).

Leiders. Het bruto nationaal inkomen van Oceanië in de jaren 1970 bestond uit: Australië (84,8%), Nieuw-Zeeland (11,4%), Papoea-Nieuw-Guinea (1,8%), Nieuw-Caledonië (0,60%), Frans-Polynesië (0,60%). Het bruto nationaal inkomen per hoofd in Oceanië onder de leiders: Australië ($7.065,4), Nieuw-Caledonië ($5.438,2), Frans-Polynesië ($5.252,7), Nieuw-Zeeland ($4.285,5) en Papoea-Nieuw-Guinea ($642,1). De groei van het bruto nationaal inkomen onder de leiders: Frans-Polynesië (5,6%), Australië (2,9%), Nieuw-Zeeland (2,1%), Nieuw-Caledonië (1,7%) en Papoea-Nieuw-Guinea (1,6%).

de jaren 1980

Het bruto nationaal inkomen van Oceanië bedroeg in de jaren 1980 US$251,2 miljard per jaar, en was vergelijkbaar met Spanje (US$247,9 miljard), Zuidoost-Azië (US$245,7 miljard). Het aandeel in de wereld was 1,7%.

Het bruto nationaal inkomen per hoofd in Oceanië was $10.137,3 in de jaren 1980s, en was vergelijkbaar met Saoedi-Arabië (US$10,0 duizend). Het BNI per hoofd in Oceanië was in 3,3 keer hoger dan het bruto nationaal inkomen per hoofd van de bevolking in de wereld ($3.117,1).

De groei van het BNI in Oceanië bedroeg 2.9% in de jaren 1980, en was vergelijkbaar met Australazië (2,9%), Brazilië (2,9%). De groei van het BNI in Oceanië (2,9%) was minder dan de groei van het BNI in de wereld (3,0%).

Vergelijking met regio's. Het bruto nationaal inkomen van Oceanië was minder dan in Europa (US$5,5 biljoen), in Amerika (US$5,3 biljoen), in Azië (US$3,5 biljoen) en in Afrika (US$518,8 miljard). Het bruto nationaal inkomen per hoofd in Oceanië was groter dan in Amerika (US$8,1 duizend), in Europa (US$7,1 duizend), in Azië (US$1.233,8) en in Afrika (US$957,8). De groei van het bruto nationaal inkomen in Oceanië was groter dan in Amerika (2,8%), in Europa (2,4%) en in Afrika (1,6%); maar minder dan in Azië (4,6%).

Subregio's. Het BNI van Oceanië in de jaren 1980 bestond uit: Australazië (96,4%), Melanesië (2,6%), Polynesië (0,93%) en Micronesië (0,12%). Het BNI per hoofd van de bevolking in subregio's: Australazië ($12.852,2), Polynesië ($5.171,3), Micronesië ($1.408,0) en Melanesië ($1.214,1). De groei van het bruto nationaal inkomen in subregio's: Polynesië (4,7%), Australazië (2,9%), Melanesië (2,3%) en Micronesië (0,61%).

Leiders. Het bruto nationaal inkomen van Oceanië in de jaren 1980 bestond uit: Australië (84,8%), Nieuw-Zeeland (11,6%), Papoea-Nieuw-Guinea (1,5%), Frans-Polynesië (0,82%), Nieuw-Caledonië (0,50%). Het bruto nationaal inkomen per hoofd in Oceanië onder de leiders: Australië ($13.662,7), Frans-Polynesië ($11.857,4), Nieuw-Zeeland ($8.968,4), Nieuw-Caledonië ($8.037,8) en Papoea-Nieuw-Guinea ($931,2). De groei van het BNI onder de leiders: Frans-Polynesië (5,3%), Nieuw-Caledonië (4,5%), Australië (3,1%), Nieuw-Zeeland (1,4%) en Papoea-Nieuw-Guinea (1,2%).

de jaren 1990

Het BNI van Oceanië bedroeg in de jaren 1990 US$429,8 miljard per jaar. Het aandeel in de wereld was 1,5%.

Het BNI per hoofd in Oceanië was $14.867,3 in de jaren 1990s, en was vergelijkbaar met Spanje (US$14,7 duizend), Zuid-Europa (US$14,6 duizend). Het BNI per hoofd in Oceanië was in 3,0 keer hoger dan het bruto nationaal inkomen per hoofd van de bevolking in de wereld ($4.991,4).

De groei van het bruto nationaal inkomen in Oceanië bedroeg 3.3% in de jaren 1990, en was vergelijkbaar met Australazië (3,3%), de Verenigde Staten (3,4%). De groei van het bruto nationaal inkomen in Oceanië (3,3%) was groter dan de groei van het bruto nationaal inkomen in de wereld (2,8%).

Vergelijking met regio's. Het BNI van Oceanië was minder dan in Amerika (US$9,9 biljoen), in Europa (US$9,8 biljoen), in Azië (US$7,8 biljoen) en in Afrika (US$566,5 miljard). Het bruto nationaal inkomen per hoofd in Oceanië was groter dan in Europa (US$13,4 duizend), in Amerika (US$12,8 duizend), in Azië (US$2,3 duizend) en in Afrika (US$799,7). De groei van het bruto nationaal inkomen in Oceanië was groter dan in Amerika (3,2%), in Afrika (2,5%) en in Europa (1,3%); maar minder dan in Azië (4,6%).

Subregio's. Het bruto nationaal inkomen van Oceanië in de jaren 1990 bestond uit: Australazië (96,1%), Melanesië (2,8%), Polynesië (1,1%) en Micronesië (0,13%). Het BNI per hoofd van de bevolking in subregio's: Australazië ($19.189,7), Polynesië ($8.901,5), Micronesië ($2.084,4) en Melanesië ($1.785,6). De groei van het BNI in subregio's: Melanesië (4,6%), Australazië (3,3%), Polynesië (1,8%) en Micronesië (0,48%).

Leiders. Het BNI van Oceanië in de jaren 1990 bestond uit: Australië (84,1%), Nieuw-Zeeland (12,0%), Papoea-Nieuw-Guinea (1,5%), Frans-Polynesië (0,93%), Nieuw-Caledonië (0,74%). Het BNI per hoofd in Oceanië onder de leiders: Australië ($20.198,3), Frans-Polynesië ($18.501,7), Nieuw-Caledonië ($16.720,3), Nieuw-Zeeland ($14.216,1) en Papoea-Nieuw-Guinea ($1.239,5). De groei van het BNI onder de leiders: Papoea-Nieuw-Guinea (6,4%), Australië (3,4%), Nieuw-Zeeland (2,8%), Nieuw-Caledonië (2,1%) en Frans-Polynesië (1,9%).

de jaren 2000

Het bruto nationaal inkomen van Oceanië bedroeg in de jaren 2000 US$800,3 miljard per jaar. Het aandeel in de wereld was 1,7%.

Het bruto nationaal inkomen per hoofd in Oceanië was $24.025,1 in de jaren 2000s, en was vergelijkbaar met Spanje (US$24,5 duizend). Het BNI per hoofd in Oceanië was in 3,4 keer hoger dan het bruto nationaal inkomen per hoofd van de bevolking in de wereld ($7.165,2).

De groei van het BNI in Oceanië bedroeg 2.9% in de jaren 2000, en was vergelijkbaar met Somalië (2,9%), Australië (2,9%). De groei van het bruto nationaal inkomen in Oceanië (2,9%) was minder dan de groei van het BNI in de wereld (3,0%).

Vergelijking met regio's. Het BNI van Oceanië was minder dan in Amerika (US$16,7 biljoen), in Europa (US$15,4 biljoen), in Azië (US$12,6 biljoen) en in Afrika (US$1,1 biljoen). Het BNI per hoofd in Oceanië was groter dan in Europa (US$21,1 duizend), in Amerika (US$19,0 duizend), in Azië (US$3,2 duizend) en in Afrika (US$1.185,1). De groei van het BNI in Oceanië was groter dan in Amerika (2,1%) en in Europa (1,8%); maar minder dan in Azië (5,3%) en in Afrika (5,1%).

Subregio's. Het BNI van Oceanië in de jaren 2000 bestond uit: Australazië (97,0%), Melanesië (2,1%), Polynesië (0,78%) en Micronesië (0,098%). Het BNI per hoofd van de bevolking in subregio's: Australazië ($31.988,2), Polynesië ($11.073,9), Micronesië ($2.776,5) en Melanesië ($2.036,7). De groei van het bruto nationaal inkomen in subregio's: Australazië (3,0%), Melanesië (2,1%), Polynesië (1,6%) en Micronesië (1,2%).

Leiders. Het BNI van Oceanië in de jaren 2000 bestond uit: Australië (85,6%), Nieuw-Zeeland (11,5%), Papoea-Nieuw-Guinea (0,89%), Nieuw-Caledonië (0,76%), Frans-Polynesië (0,67%). Het bruto nationaal inkomen per hoofd in Oceanië onder de leiders: Australië ($33.938,2), Nieuw-Caledonië ($26.009,2), Nieuw-Zeeland ($22.387,7), Frans-Polynesië ($21.025,0) en Papoea-Nieuw-Guinea ($1.107,3). De groei van het BNI onder de leiders: Nieuw-Caledonië (3,2%), Nieuw-Zeeland (3,1%), Australië (2,9%), Papoea-Nieuw-Guinea (1,6%) en Frans-Polynesië (1,4%).

de jaren 2010

Het BNI van Oceanië bedroeg in de jaren 2010 US$1,6 biljoen per jaar. Het aandeel in de wereld was 2,1%.

Het bruto nationaal inkomen per hoofd in Oceanië was $41.051,4 in de jaren 2010s, en was vergelijkbaar met Frankrijk (US$41,4 duizend), de Verenigde Arabische Emiraten (US$40,6 duizend), het Verenigd Koninkrijk (US$41,6 duizend). Het bruto nationaal inkomen per hoofd in Oceanië was in 3,9 keer hoger dan het bruto nationaal inkomen per hoofd van de bevolking in de wereld ($10.611,7).

De groei van het bruto nationaal inkomen in Oceanië bedroeg 2.7% in de jaren 2010, en was vergelijkbaar met Bulgarije (2,6%), Vanuatu (2,6%), Angola (2,7%). De groei van het BNI in Oceanië (2,7%) was minder dan de groei van het BNI in de wereld (3,1%).

Vergelijking met regio's. Het bruto nationaal inkomen van Oceanië was 17,0 keer minder dan in Azië (US$27,5 biljoen), 15,9 keer minder dan in Amerika (US$25,6 biljoen), 13,0 keer minder dan in Europa (US$20,9 biljoen) en 27,9% minder dan in Afrika (US$2,2 biljoen). Het bruto nationaal inkomen per hoofd in Oceanië was 45,9% groter dan in Europa (US$28,1 duizend), 56,3% groter dan in Amerika (US$26,3 duizend), 6,6 keer groter dan in Azië (US$6,2 duizend) en 21,5 keer groter dan in Afrika (US$1.913,3). De groei van het bruto nationaal inkomen in Oceanië was groter dan in Amerika (2,3%) en in Europa (1,6%); maar minder dan in Azië (5,2%) en in Afrika (2,9%).

Subregio's. Het bruto nationaal inkomen van Oceanië in de jaren 2010 bestond uit: Australazië (97,2%), Melanesië (2,3%), Polynesië (0,46%) en Micronesië (0,082%). Het bruto nationaal inkomen per hoofd van de bevolking in subregio's: Australazië ($55.316,9), Polynesië ($12.563,6), Micronesië ($4.359,7) en Melanesië ($3.614,6). De groei van het bruto nationaal inkomen in subregio's: Melanesië (4,8%), Micronesië (3,6%), Australazië (2,6%) en Polynesië (0,96%).

Leiders. Het BNI van Oceanië in de jaren 2010 bestond uit: Australië (86,0%), Nieuw-Zeeland (11,2%), Papoea-Nieuw-Guinea (1,3%), Nieuw-Caledonië (0,60%), Frans-Polynesië (0,37%). Het bruto nationaal inkomen per hoofd in Oceanië onder de leiders: Australië ($58.415,5), Nieuw-Zeeland ($39.276,5), Nieuw-Caledonië ($36.233,6), Frans-Polynesië ($21.613,2) en Papoea-Nieuw-Guinea ($2.541,0). De groei van het bruto nationaal inkomen onder de leiders: Papoea-Nieuw-Guinea (6,0%), Nieuw-Zeeland (3,1%), Australië (2,5%), Nieuw-Caledonië (2,4%) en Frans-Polynesië (0,58%).

Part II. Structuur

de jaren 2010

landbouw 3,2%
industrie 18,1%
constructie 8,1%
handel 11,6%
vervoer 7,8%
diensten 51,4%

Hoofdstuk IV. Landbouw

Landbouw, jacht, bosbouw, vissen (ISIC A-B)

De landbouw van Oceanië steeg van US$8,1 miljard per jaar in de jaren 1970 tot US$48,8 miljard per jaar in de jaren 2010, dat wil zeggen met US$40,7 miljard of 6,1 keer. De verandering vond plaats op US$30,0 miljard als gevolg van een 2,6-voudige stijging van de prijzen, en ook op US$3,9 miljard als gevolg van een 1,3-voudige toename van de productiviteit , evenals op US$6,8 miljard als gevolg van de toename van de bevolking. De gemiddelde jaarlijkse groei van de landbouw is 1,8%. De minimumwaarde van de landbouw bedroeg US$3,8 miljard in 1970. De maximumwaarde van de landbouw bedroeg US$53,3 miljard in 2013.

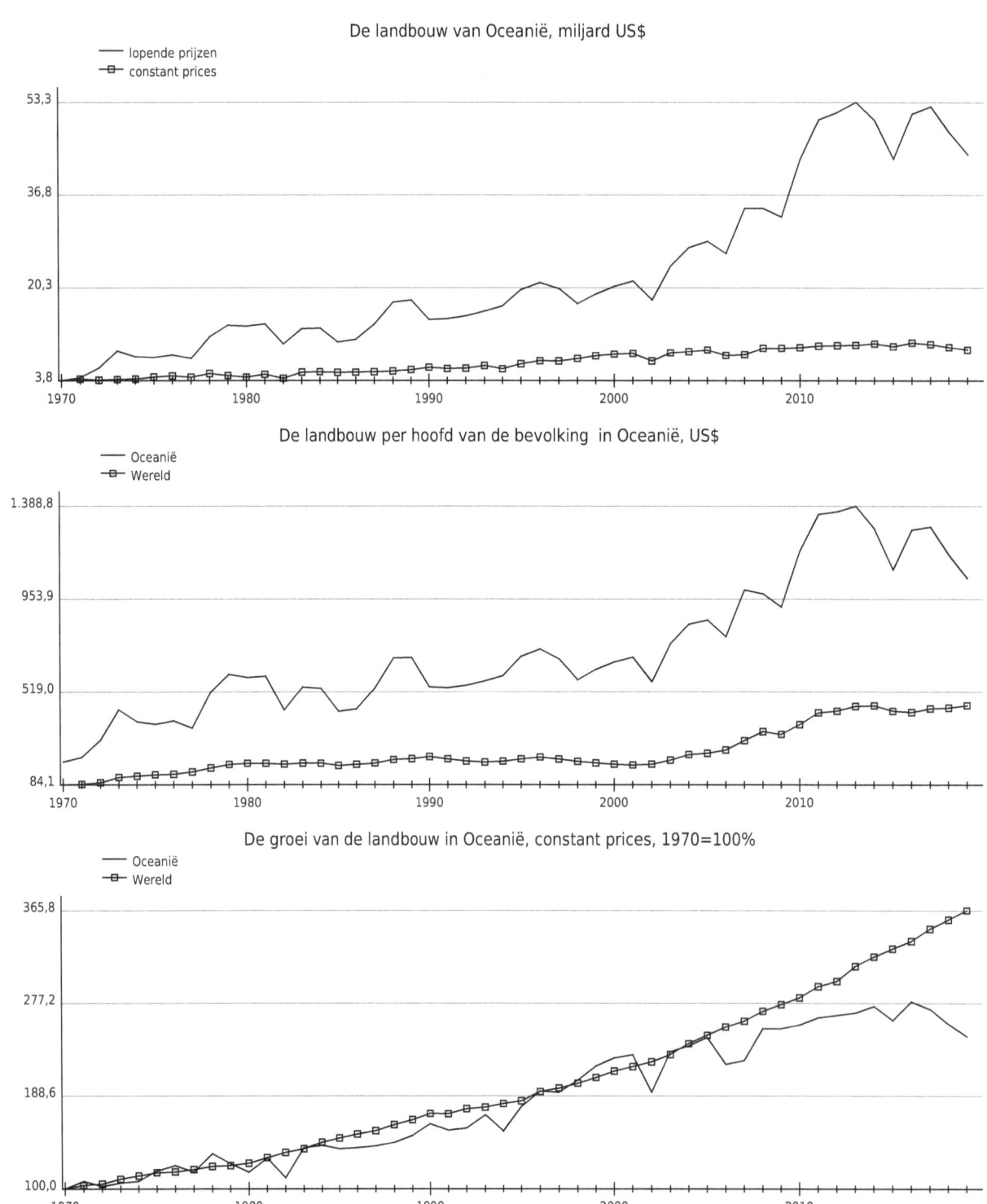

De landbouw van Oceanië, miljard US$

De landbouw per hoofd van de bevolking in Oceanië, US$

De groei van de landbouw in Oceanië, constant prices, 1970=100%

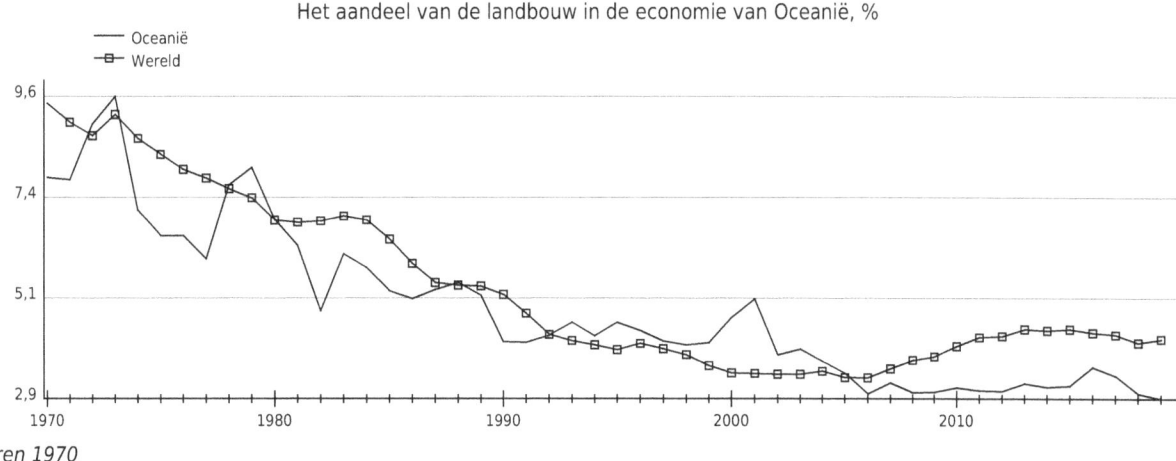

Het aandeel van de landbouw in de economie van Oceanië, %

de jaren 1970

De toegevoegde waarde van de landbouw in Oceanië bedroeg in de jaren 1970 US$8,1 miljard per jaar. Het aandeel in de wereld was 1,6%.

Het aandeel van de landbouw in de economie van Oceanië was 7,4% in de jaren 1970, en was vergelijkbaar met Zweden (7,4%), Zuidelijk Afrika (7,4%).

De sector van de landbouw per hoofd in Oceanië was $377,5 in de jaren 1970s. De waarde van de landbouw per hoofd in Oceanië was in 3,0 keer hoger dan de landbouw per hoofd van de bevolking in de wereld ($127,6).

De groei van de landbouw in Oceanië bedroeg 2.4% in de jaren 1970, en was vergelijkbaar met de Bahama's (2,4%), Algerije (2,4%), China (2,4%). De groei van de landbouw in Oceanië (2,4%) was groter dan de groei van de landbouw in de wereld (2,2%).

Vergelijking met regio's. De toegevoegde waarde van de landbouw in Oceanië was minder dan in Europa (US$194,6 miljard), in Azië (US$178,2 miljard), in Amerika (US$88,5 miljard) en in Afrika (US$46,1 miljard). De sector van de landbouw per hoofd in Oceanië was groter dan in Europa (US$268,3), in Amerika (US$158,1), in Afrika (US$112,2) en in Azië (US$76,7). De groei van de landbouw in Oceanië was groter dan in Azië (2,0%), in Amerika (1,9%) en in Afrika (1,7%); maar minder dan in Europa (3,3%).

Subregio's. De sector van de landbouw in Oceanië in de jaren 1970 bestond uit: Australazië (90,2%), Melanesië (8,5%), Polynesië (0,95%) en Micronesië (0,29%). Het aandeel van de landbouw in de economie van subregio's: Melanesië (16,9%), Micronesië (15,7%), Polynesië (10,2%) en Australazië (7,0%). De landbouw per hoofd van de bevolking in subregio's: Australazië ($435,8), Polynesië ($194,6), Melanesië ($167,3) en Micronesië ($142,9). De groei van de landbouw in subregio's: Micronesië (5,8%), Melanesië (3,0%), Australazië (2,3%) en Polynesië (1,7%).

Leiders. De toegevoegde waarde van de landbouw in Oceanië in de jaren 1970 bestond uit: Australië (73,0%), Nieuw-Zeeland (17,3%), Papoea-Nieuw-Guinea (5,9%), Fiji (1,6%), Frans-Polynesië (0,48%), en andere (1,7%). Het aandeel van de landbouw in economie van de leiders: Fiji (21,7%), Papoea-Nieuw-Guinea (18,0%), Nieuw-Zeeland (10,6%), Australië (6,5%) en Frans-Polynesië (6,3%). De waarde van de landbouw per hoofd in Oceanië onder de leiders: Nieuw-Zeeland ($460,0), Australië ($430,4), Frans-Polynesië ($302,1), Fiji ($228,4) en Papoea-Nieuw-Guinea ($153,7). De groei van de landbouw onder de leiders: Fiji (3,1%), Australië (3,0%), Papoea-Nieuw-Guinea (2,7%), Frans-Polynesië (1,7%) en Nieuw-Zeeland (0,093%).

de jaren 1980

De toegevoegde waarde van de landbouw in Oceanië bedroeg in de jaren 1980 US$13,5 miljard per jaar, en was vergelijkbaar met Spanje (US$13,5 miljard). Het aandeel in de wereld was 1,5%.

Het aandeel van de landbouw in de economie van Oceanië was 5,6% in de jaren 1980.

De landbouw per hoofd in Oceanië was $545,9 in de jaren 1980s, en was vergelijkbaar met Frans-Polynesië (US$545,1). De landbouw per hoofd in Oceanië was in 2,9 keer hoger dan de landbouw per hoofd van de bevolking in de wereld ($186,6).

De groei van de landbouw in Oceanië bedroeg 2% in de jaren 1980, en was vergelijkbaar met Australazië (2,0%), Centraal-Afrika (2,0%). De groei van de landbouw in Oceanië (2,0%) was minder dan de groei van de landbouw in de wereld (3,1%).

Vergelijking met regio's. De toegevoegde waarde van de landbouw in Oceanië was minder dan in Azië (US$348,3 miljard), in Europa

(US$296,5 miljard), in Amerika (US$157,4 miljard) en in Afrika (US$86,2 miljard). De sector van de landbouw per hoofd in Oceanië was groter dan in Europa (US$386,3), in Amerika (US$237,6), in Afrika (US$159,2) en in Azië (US$122,8). De groei van de landbouw in Oceanië was minder dan in Azië (3,8%), in Afrika (2,8%), in Amerika (2,6%) en in Europa (2,1%).

Subregio's. De landbouw van Oceanië in de jaren 1980 bestond uit: Australazië (89,2%), Melanesië (9,2%), Polynesië (1,2%) en Micronesië (0,41%). Het aandeel van de landbouw in de economie van subregio's: Micronesië (20,4%), Melanesië (16,2%), Polynesië (7,4%) en Australazië (5,2%). De landbouw per hoofd van de bevolking in subregio's: Australazië ($640,5), Polynesië ($344,6), Micronesië ($266,5) en Melanesië ($236,5). De groei van de landbouw in subregio's: Polynesië (2,6%), Australazië (2,0%), Melanesië (2,0%) en Micronesië (1,9%).

Leiders. De sector van de landbouw in Oceanië in de jaren 1980 bestond uit: Australië (73,0%), Nieuw-Zeeland (16,2%), Papoea-Nieuw-Guinea (6,6%), Fiji (1,7%), Frans-Polynesië (0,70%), en andere (1,8%). Het aandeel van de landbouw in economie van de leiders: Papoea-Nieuw-Guinea (18,1%), Fiji (18,1%), Nieuw-Zeeland (7,5%), Frans-Polynesië (5,0%) en Australië (4,9%). De waarde van de landbouw per hoofd in Oceanië onder de leiders: Nieuw-Zeeland ($675,9), Australië ($633,2), Frans-Polynesië ($545,1), Fiji ($325,0) en Papoea-Nieuw-Guinea ($221,5). De groei van de landbouw onder de leiders: Frans-Polynesië (3,8%), Nieuw-Zeeland (2,9%), Papoea-Nieuw-Guinea (2,4%), Australië (1,7%) en Fiji (1,5%).

de jaren 1990

De sector van de landbouw in Oceanië bedroeg in de jaren 1990 US$17,6 miljard per jaar, en was vergelijkbaar met Pakistan (US$17,9 miljard). Het aandeel in de wereld was 1,5%.

Het aandeel van de landbouw in de economie van Oceanië was 4,3% in de jaren 1990, en was vergelijkbaar met Zuidelijk Afrika (4,2%).

De toegevoegde waarde van de landbouw per hoofd in Oceanië was $608,8 in de jaren 1990s, en was vergelijkbaar met Frankrijk (US$595,9), Zwitserland (US$622,9), Spanje (US$623,0). De landbouw per hoofd in Oceanië was in 3,0 keer hoger dan de landbouw per hoofd van de bevolking in de wereld ($199,8).

De groei van de landbouw in Oceanië bedroeg 3.7% in de jaren 1990, en was vergelijkbaar met Zimbabwe (3,7%), Australazië (3,7%), Tsjaad (3,7%). De groei van de landbouw in Oceanië (3,7%) was groter dan de groei van de landbouw in de wereld (2,2%).

Vergelijking met regio's. De landbouw van Oceanië was minder dan in Azië (US$525,3 miljard), in Europa (US$277,7 miljard), in Amerika (US$222,9 miljard) en in Afrika (US$95,3 miljard). De waarde van de landbouw per hoofd in Oceanië was groter dan in Europa (US$382,2), in Amerika (US$288,9), in Azië (US$151,6) en in Afrika (US$134,5). De groei van de landbouw in Oceanië was groter dan in Azië (3,2%), in Afrika (2,8%), in Amerika (2,4%) en in Europa (-1,6%).

Subregio's. De sector van de landbouw in Oceanië in de jaren 1990 bestond uit: Australazië (87,3%), Melanesië (10,6%), Polynesië (1,6%) en Micronesië (0,49%). Het aandeel van de landbouw in de economie van subregio's: Micronesië (17,3%), Melanesië (15,1%), Polynesië (6,9%) en Australazië (3,9%). De landbouw per hoofd van de bevolking in subregio's: Australazië ($714,2), Polynesië ($556,0), Micronesië ($335,0) en Melanesië ($281,0). De groei van de landbouw in subregio's: Melanesië (4,0%), Australazië (3,7%), Polynesië (0,66%) en Micronesië (0,37%).

Leiders. De landbouw van Oceanië in de jaren 1990 bestond uit: Australië (67,2%), Nieuw-Zeeland (20,1%), Papoea-Nieuw-Guinea (7,5%), Fiji (1,6%), Frans-Polynesië (1,0%), en andere (2,5%). Het aandeel van de landbouw in economie van de leiders: Papoea-Nieuw-Guinea (19,2%), Fiji (16,3%), Nieuw-Zeeland (6,9%), Frans-Polynesië (5,0%) en Australië (3,4%). De waarde van de landbouw per hoofd in Oceanië onder de leiders: Nieuw-Zeeland ($973,7), Frans-Polynesië ($849,1), Australië ($661,6), Fiji ($375,5) en Papoea-Nieuw-Guinea ($257,9). De groei van de landbouw onder de leiders: Papoea-Nieuw-Guinea (4,5%), Australië (3,8%), Nieuw-Zeeland (3,6%), Frans-Polynesië (1,2%) en Fiji (-0,061%).

de jaren 2000

De waarde van de landbouw in Oceanië bedroeg in de jaren 2000 US$26,9 miljard per jaar, en was vergelijkbaar met Pakistan (US$26,6 miljard). Het aandeel in de wereld was 1,7%.

Het aandeel van de landbouw in de economie van Oceanië was 3,5% in de jaren 2000, en was vergelijkbaar met de Wereld (3,5%).

De sector van de landbouw per hoofd in Oceanië was $806,4 in de jaren 2000s, en was vergelijkbaar met Griekenland (US$812,9). De landbouw per hoofd in Oceanië was in 3,4 keer hoger dan de landbouw per hoofd van de bevolking in de wereld ($240,3).

De groei van de landbouw in Oceanië bedroeg 1.5% in de jaren 2000. De groei van de landbouw in Oceanië (1,5%) was minder dan de groei van de landbouw in de wereld (3,0%).

Vergelijking met regio's. De waarde van de landbouw in Oceanië was minder dan in Azië (US$800,3 miljard), in Amerika (US$287,7 miljard), in Europa (US$282,9 miljard) en in Afrika (US$165,0 miljard). De waarde van de landbouw per hoofd in Oceanië was groter dan in Europa (US$387,0), in Amerika (US$327,5), in Azië (US$202,4) en in Afrika (US$182,0). De groei van de landbouw in Oceanië was groter dan in Europa (1,2%); maar minder dan in Afrika (5,1%), in Azië (3,1%) en in Amerika (2,7%).

Subregio's. De sector van de landbouw in Oceanië in de jaren 2000 bestond uit: Australazië (90,3%), Melanesië (8,3%), Polynesië (1,0%) en Micronesië (0,39%). Het aandeel van de landbouw in de economie van subregio's: Micronesië (16,0%), Melanesië (13,9%), Polynesië (4,8%) en Australazië (3,2%). De landbouw per hoofd van de bevolking in subregio's: Australazië ($998,8), Polynesië ($486,1), Micronesië ($374,6) en Melanesië ($273,0). De groei van de landbouw in subregio's: Australazië (1,6%), Melanesië (1,4%), Micronesië (1,1%) en Polynesië (-2,6%).

Leiders. De toegevoegde waarde van de landbouw in Oceanië in de jaren 2000 bestond uit: Australië (69,7%), Nieuw-Zeeland (20,6%), Papoea-Nieuw-Guinea (6,0%), Fiji (1,2%), Frans-Polynesië (0,60%), en andere (2,0%). Het aandeel van de landbouw in economie van de leiders: Papoea-Nieuw-Guinea (22,3%), Fiji (12,7%), Nieuw-Zeeland (6,1%), Frans-Polynesië (3,4%) en Australië (2,9%). De toegevoegde waarde van de landbouw per hoofd in Oceanië onder de leiders: Nieuw-Zeeland ($1.347,2), Australië ($928,0), Frans-Polynesië ($635,5), Fiji ($376,1) en Papoea-Nieuw-Guinea ($248,4). De groei van de landbouw onder de leiders: Australië (1,9%), Papoea-Nieuw-Guinea (1,6%), Nieuw-Zeeland (0,36%), Fiji (-0,52%) en Frans-Polynesië (-2,6%).

de jaren 2010

De waarde van de landbouw in Oceanië bedroeg in de jaren 2010 US$48,8 miljard per jaar. Het aandeel in de wereld was 1,5%.

Het aandeel van de landbouw in de economie van Oceanië was 3,2% in de jaren 2010, en was vergelijkbaar met Estland (3,2%).

De waarde van de landbouw per hoofd in Oceanië was $1.242,3 in de jaren 2010s. De sector van de landbouw per hoofd in Oceanië was in 2,9 keer hoger dan de landbouw per hoofd van de bevolking in de wereld ($432,1).

De groei van de landbouw in Oceanië bedroeg -0.3% in de jaren 2010. De groei van de landbouw in Oceanië (-0,30%) was minder dan de groei van de landbouw in de wereld (2,9%).

Vergelijking met regio's. De toegevoegde waarde van de landbouw in Oceanië was 39,5 keer minder dan in Azië (US$1,9 biljoen), 10,0 keer minder dan in Amerika (US$486,1 miljard), 7,5 keer minder dan in Europa (US$365,8 miljard) en 7,0 keer minder dan in Afrika (US$343,8 miljard). De landbouw per hoofd in Oceanië was 2,5 keer groter dan in Amerika (US$498,8), 2,5 keer groter dan in Europa (US$491,7), 2,8 keer groter dan in Azië (US$436,7) en 4,2 keer groter dan in Afrika (US$294,3). De groei van de landbouw in Oceanië was minder dan in Afrika (3,7%), in Azië (3,3%), in Amerika (2,2%) en in Europa (0,73%).

Subregio's. De sector van de landbouw in Oceanië in de jaren 2010 bestond uit: Australazië (88,8%), Melanesië (10,2%), Polynesië (0,70%) en Micronesië (0,37%). Het aandeel van de landbouw in de economie van subregio's: Micronesië (17,3%), Melanesië (14,2%), Polynesië (5,0%) en Australazië (2,9%). De landbouw per hoofd van de bevolking in subregio's: Australazië ($1.528,8), Micronesië ($587,6), Polynesië ($574,9) en Melanesië ($493,3). De groei van de landbouw in subregio's: Melanesië (2,9%), Micronesië (2,3%), Polynesië (-0,36%) en Australazië (-0,72%).

Leiders. De waarde van de landbouw in Oceanië in de jaren 2010 bestond uit: Australië (67,1%), Nieuw-Zeeland (21,7%), Papoea-Nieuw-Guinea (7,9%), Fiji (0,92%), Salomonseilanden (0,62%), en andere (1,8%). Het aandeel van de landbouw in economie van de leiders: Salomonseilanden (26,8%), Papoea-Nieuw-Guinea (18,9%), Fiji (11,9%), Nieuw-Zeeland (6,2%) en Australië (2,5%). De sector van de landbouw per hoofd in Oceanië onder de leiders: Nieuw-Zeeland ($2.309,6), Australië ($1.378,0), Fiji ($513,7), Salomonseilanden ($503,7) en Papoea-Nieuw-Guinea ($479,9). De groei van de landbouw onder de leiders: Salomonseilanden (3,9%), Fiji (3,0%), Papoea-Nieuw-Guinea (2,6%), Nieuw-Zeeland (1,8%) en Australië (-1,4%).

Hoofdstuk V. Industrie

Mijnbouw, productie, nutsbedrijven (ISIC C-E)

De toegevoegde waarde van de industrie in Oceanië steeg van US$30,2 miljard per jaar in de jaren 1970 tot US$279,8 miljard per jaar in de jaren 2010, dat wil zeggen met US$249,7 miljard of 9,3 keer. De verandering vond plaats op US$203,3 miljard als gevolg van een 3,7-voudige stijging van de prijzen, en ook op US$21,0 miljard als gevolg van een 1,4-voudige toename van de productiviteit , evenals op US$25,3 miljard als gevolg van de toename van de bevolking. De gemiddelde jaarlijkse groei van de industrie is 2,5%. De minimumwaarde van de industrie bedroeg US$14,3 miljard in 1970. De maximumwaarde van de industrie bedroeg US$320,0 miljard in 2011.

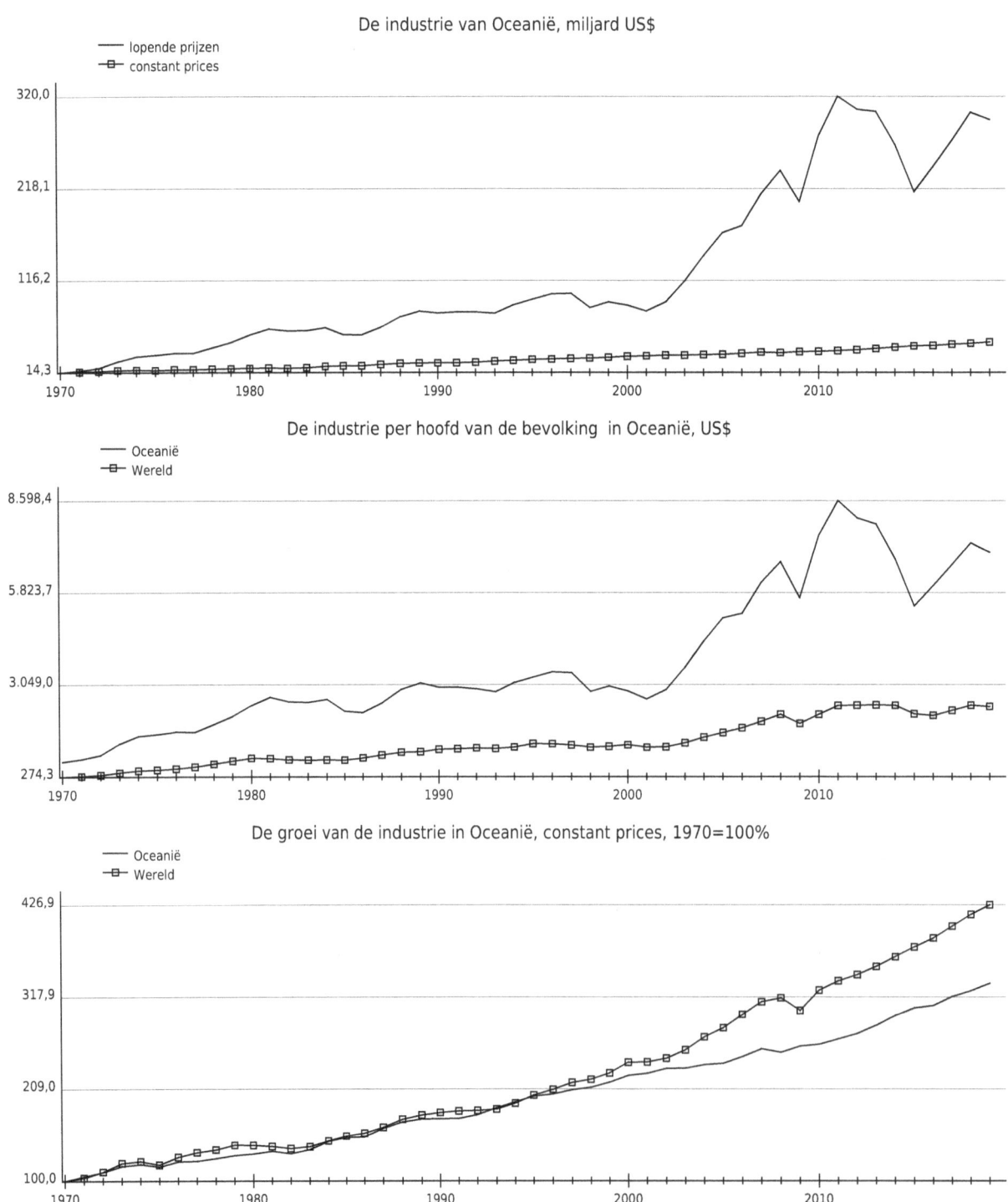

De industrie van Oceanië, miljard US$

De industrie per hoofd van de bevolking in Oceanië, US$

De groei van de industrie in Oceanië, constant prices, 1970=100%

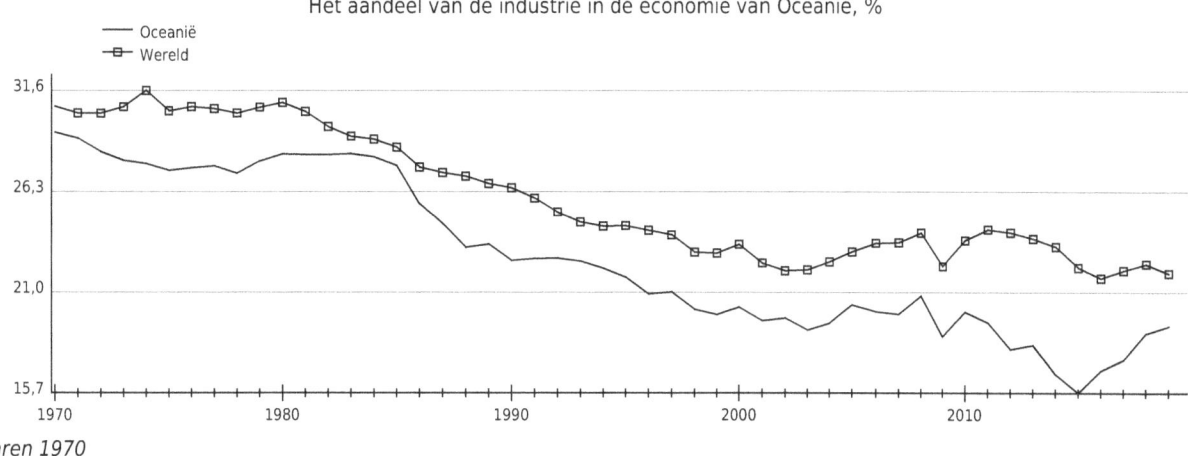

Het aandeel van de industrie in de economie van Oceanië, %

de jaren 1970

De waarde van de industrie in Oceanië bedroeg in de jaren 1970 US$30,2 miljard per jaar, en was vergelijkbaar met West-Afrika (US$29,9 miljard), Spanje (US$29,8 miljard). Het aandeel in de wereld was 1,6%.

Het aandeel van de industrie in de economie van Oceanië was 27,9% in de jaren 1970, en was vergelijkbaar met Zweden (27,9%), Bolivia (28,0%), Noord-Europa (28,0%).

De industrie per hoofd in Oceanië was $1.413,2 in de jaren 1970s, en was vergelijkbaar met Oostenrijk (US$1.423,9), Noord-Europa (US$1.395,7), IJsland (US$1.382,4). De waarde van de industrie per hoofd in Oceanië was in 2,9 keer hoger dan de industrie per hoofd van de bevolking in de wereld ($480,5).

De groei van de industrie in Oceanië bedroeg 3% in de jaren 1970, en was vergelijkbaar met Australië (3,0%), Guinee (3,0%). De groei van de industrie in Oceanië (3,0%) was minder dan de groei van de industrie in de wereld (4,0%).

Vergelijking met regio's. De waarde van de industrie in Oceanië was minder dan in Europa (US$820,9 miljard), in Amerika (US$610,8 miljard), in Azië (US$403,8 miljard) en in Afrika (US$74,4 miljard). De sector van de industrie per hoofd in Oceanië was groter dan in Europa (US$1.131,6), in Amerika (US$1.091,1), in Afrika (US$181,2) en in Azië (US$173,9). De groei van de industrie in Oceanië was minder dan in Azië (5,7%), in Afrika (5,5%), in Europa (3,6%) en in Amerika (3,2%).

Subregio's. De industrie van Oceanië in de jaren 1970 bestond uit: Australazië (97,4%), Melanesië (2,2%), Polynesië (0,22%) en Micronesië (0,11%). Het aandeel van de industrie in de economie van subregio's: Australazië (28,4%), Micronesië (23,1%), Melanesië (16,5%) en Polynesië (8,8%). De industrie per hoofd van de bevolking in subregio's: Australazië ($1.761,4), Micronesië ($210,5), Polynesië ($167,1) en Melanesië ($164,2). De groei van de industrie in subregio's: Micronesië (3,5%), Australazië (3,0%), Polynesië (2,4%) en Melanesië (1,3%).

Leiders. De waarde van de industrie in Oceanië in de jaren 1970 bestond uit: Australië (85,0%), Nieuw-Zeeland (12,4%), Papoea-Nieuw-Guinea (1,2%), Nieuw-Caledonië (0,70%), Fiji (0,26%). Het aandeel van de industrie in economie van de leiders: Nieuw-Caledonië (30,8%), Nieuw-Zeeland (28,6%), Australië (28,4%), Papoea-Nieuw-Guinea (14,2%) en Fiji (13,0%). De industrie per hoofd in Oceanië onder de leiders: Australië ($1.877,2), Nieuw-Caledonië ($1.677,9), Nieuw-Zeeland ($1.238,0), Fiji ($136,6) en Papoea-Nieuw-Guinea ($121,1). De groei van de industrie onder de leiders: Fiji (4,5%), Nieuw-Zeeland (3,2%), Australië (3,0%), Papoea-Nieuw-Guinea (2,7%) en Nieuw-Caledonië (-2,0%).

de jaren 1980

De waarde van de industrie in Oceanië bedroeg in de jaren 1980 US$63,7 miljard per jaar, en was vergelijkbaar met Spanje (US$62,9 miljard), Australazië (US$62,4 miljard). Het aandeel in de wereld was 1,5%.

Het aandeel van de industrie in de economie van Oceanië was 26,3% in de jaren 1980, en was vergelijkbaar met Zweden (26,4%), Tunesië (26,4%), Malta (26,1%).

De industrie per hoofd in Oceanië was $2.572,3 in de jaren 1980s, en was vergelijkbaar met Frankrijk (US$2,6 duizend), Italië (US$2,6 duizend). De waarde van de industrie per hoofd in Oceanië was in 3,0 keer hoger dan de industrie per hoofd van de bevolking in de wereld ($861,8).

De groei van de industrie in Oceanië bedroeg 2.9% in de jaren 1980, en was vergelijkbaar met de Caraïben (2,9%), de Salomonseilanden (2,9%), de FS van Micronesië (2,9%). De groei van de industrie in Oceanië (2,9%) was groter dan de groei van de industrie in de wereld (2,3%).

Vergelijking met regio's. De waarde van de industrie in Oceanië was minder dan in Europa (US$1,5 biljoen), in Amerika (US$1,4 biljoen), in Azië (US$1,1 biljoen) en in Afrika (US$156,3 miljard). De sector van de industrie per hoofd in Oceanië was groter dan in Amerika (US$2,1 duizend), in Europa (US$1.933,8), in Azië (US$380,7) en in Afrika (US$288,5). De groei van de industrie in Oceanië was groter dan in Europa (2,3%), in Amerika (1,9%) en in Afrika (-0,99%); maar minder dan in Azië (3,5%).

Subregio's. De toegevoegde waarde van de industrie in Oceanië in de jaren 1980 bestond uit: Australazië (97,9%), Melanesië (1,8%), Polynesië (0,32%) en Micronesië (0,030%). Het aandeel van de industrie in de economie van subregio's: Australazië (26,8%), Melanesië (14,7%), Polynesië (9,5%) en Micronesië (7,1%). De industrie per hoofd van de bevolking in subregio's: Australazië ($3.311,0), Polynesië ($445,3), Melanesië ($214,9) en Micronesië ($93,2). De groei van de industrie in subregio's: Polynesië (3,8%), Australazië (2,9%), Melanesië (2,1%) en Micronesië (-11,2%).

Leiders. De toegevoegde waarde van de industrie in Oceanië in de jaren 1980 bestond uit: Australië (85,1%), Nieuw-Zeeland (12,8%), Papoea-Nieuw-Guinea (1,1%), Nieuw-Caledonië (0,45%), Frans-Polynesië (0,27%). Het aandeel van de industrie in economie van de leiders: Nieuw-Zeeland (27,7%), Australië (26,7%), Nieuw-Caledonië (23,1%), Papoea-Nieuw-Guinea (13,7%) en Frans-Polynesië (9,2%). De toegevoegde waarde van de industrie per hoofd in Oceanië onder de leiders: Australië ($3.479,6), Nieuw-Zeeland ($2.503,1), Nieuw-Caledonië ($1.852,7), Frans-Polynesië ($999,2) en Papoea-Nieuw-Guinea ($167,0). De groei van de industrie onder de leiders: Nieuw-Caledonië (6,9%), Frans-Polynesië (5,7%), Australië (3,3%), Nieuw-Zeeland (1,4%) en Papoea-Nieuw-Guinea (-1,5%).

de jaren 1990

De waarde van de industrie in Oceanië bedroeg in de jaren 1990 US$88,9 miljard per jaar. Het aandeel in de wereld was 1,3%.

Het aandeel van de industrie in de economie van Oceanië was 21,6% in de jaren 1990, en was vergelijkbaar met Portugal (21,6%), het Verenigd Koninkrijk (21,7%), Australië (21,7%).

De industrie per hoofd in Oceanië was $3.075,6 in de jaren 1990s, en was vergelijkbaar met Zuid-Europa (US$3,0 duizend). De toegevoegde waarde van de industrie per hoofd in Oceanië was in 2,6 keer hoger dan de industrie per hoofd van de bevolking in de wereld ($1.175,6).

De groei van de industrie in Oceanië bedroeg 2.3% in de jaren 1990, en was vergelijkbaar met Zuid-Amerika (2,3%). De groei van de industrie in Oceanië (2,3%) was minder dan de groei van de industrie in de wereld (2,5%).

Vergelijking met regio's. De sector van de industrie in Oceanië was minder dan in Azië (US$2,2 biljoen), in Europa (US$2,2 biljoen), in Amerika (US$2,1 biljoen) en in Afrika (US$157,8 miljard). De toegevoegde waarde van de industrie per hoofd in Oceanië was groter dan in Europa (US$3,0 duizend), in Amerika (US$2,7 duizend), in Azië (US$639,7) en in Afrika (US$222,8). De groei van de industrie in Oceanië was groter dan in Afrika (1,3%) en in Europa (0,0047%); maar minder dan in Azië (5,5%) en in Amerika (2,8%).

Subregio's. De toegevoegde waarde van de industrie in Oceanië in de jaren 1990 bestond uit: Australazië (97,0%), Melanesië (2,5%), Polynesië (0,44%) en Micronesië (0,033%). Het aandeel van de industrie in de economie van subregio's: Australazië (21,9%), Melanesië (18,0%), Polynesië (9,6%) en Micronesië (5,8%). De industrie per hoofd van de bevolking in subregio's: Australazië ($4.009,8), Polynesië ($770,7), Melanesië ($334,4) en Micronesië ($111,8). De groei van de industrie in subregio's: Melanesië (5,4%), Australazië (2,2%), Polynesië (0,84%) en Micronesië (-0,11%).

Leiders. De industrie van Oceanië in de jaren 1990 bestond uit: Australië (83,9%), Nieuw-Zeeland (13,1%), Papoea-Nieuw-Guinea (1,6%), Nieuw-Caledonië (0,56%), Frans-Polynesië (0,39%). Het aandeel van de industrie in economie van de leiders: Nieuw-Zeeland (22,9%), Australië (21,7%), Papoea-Nieuw-Guinea (20,2%), Nieuw-Caledonië (16,1%) en Frans-Polynesië (9,4%). De waarde van de industrie per hoofd in Oceanië onder de leiders: Australië ($4.169,8), Nieuw-Zeeland ($3.220,7), Nieuw-Caledonië ($2.626,2), Frans-Polynesië ($1.580,9) en Papoea-Nieuw-Guinea ($271,3). De groei van de industrie onder de leiders: Papoea-Nieuw-Guinea (11,9%), Australië (2,3%), Nieuw-Zeeland (1,5%), Frans-Polynesië (0,90%) en Nieuw-Caledonië (-6,1%).

de jaren 2000

De toegevoegde waarde van de industrie in Oceanië bedroeg in de jaren 2000 US$152,2 miljard per jaar. Het aandeel in de wereld was 1,5%.

Het aandeel van de industrie in de economie van Oceanië was 19,8% in de jaren 2000, en was vergelijkbaar met Australazië (19,9%), Australië (20,0%), België (20,0%).

De waarde van de industrie per hoofd in Oceanië was $4.570,1 in de jaren 2000s. De waarde van de industrie per hoofd in Oceanië was in 2,9 keer hoger dan de industrie per hoofd van de bevolking in de wereld ($1.573,8).

De groei van de industrie in Oceanië bedroeg 1.8% in de jaren 2000, en was vergelijkbaar met Bahrein (1,8%), Grenada (1,8%). De groei van de industrie in Oceanië (1,8%) was minder dan de groei van de industrie in de wereld (2,9%).

Vergelijking met regio's. De sector van de industrie in Oceanië was minder dan in Azië (US$3,8 biljoen), in Amerika (US$3,1 biljoen), in Europa (US$2,9 biljoen) en in Afrika (US$319,5 miljard). De industrie per hoofd in Oceanië was groter dan in Europa (US$4,0 duizend), in Amerika (US$3,5 duizend), in Azië (US$951,8) en in Afrika (US$352,5). De groei van de industrie in Oceanië was groter dan in Amerika (1,4%) en in Europa (0,63%); maar minder dan in Azië (5,7%) en in Afrika (3,1%).

Subregio's. De sector van de industrie in Oceanië in de jaren 2000 bestond uit: Australazië (97,4%), Melanesië (2,2%), Polynesië (0,32%) en Micronesië (0,021%). Het aandeel van de industrie in de economie van subregio's: Melanesië (21,0%), Australazië (19,9%), Polynesië (8,7%) en Micronesië (4,8%). De industrie per hoofd van de bevolking in subregio's: Australazië ($6.110,2), Polynesië ($870,2), Melanesië ($411,7) en Micronesië ($113,0). De groei van de industrie in subregio's: Australazië (1,9%), Polynesië (0,25%), Melanesië (-0,33%) en Micronesië (-0,53%).

Leiders. De industrie van Oceanië in de jaren 2000 bestond uit: Australië (86,0%), Nieuw-Zeeland (11,5%), Papoea-Nieuw-Guinea (1,3%), Nieuw-Caledonië (0,64%), Frans-Polynesië (0,26%). Het aandeel van de industrie in economie van de leiders: Papoea-Nieuw-Guinea (27,2%), Australië (20,0%), Nieuw-Zeeland (19,3%), Nieuw-Caledonië (17,3%) en Frans-Polynesië (8,1%). De industrie per hoofd in Oceanië onder de leiders: Australië ($6.485,8), Nieuw-Zeeland ($4.261,1), Nieuw-Caledonië ($4.153,9), Frans-Polynesië ($1.536,0) en Papoea-Nieuw-Guinea ($303,7). De groei van de industrie onder de leiders: Australië (2,0%), Nieuw-Caledonië (1,4%), Nieuw-Zeeland (0,90%), Frans-Polynesië (0,10%) en Papoea-Nieuw-Guinea (-0,84%).

de jaren 2010

De waarde van de industrie in Oceanië bedroeg in de jaren 2010 US$279,8 miljard per jaar. Het aandeel in de wereld was 1,6%.

Het aandeel van de industrie in de economie van Oceanië was 18,1% in de jaren 2010, en was vergelijkbaar met Australazië (18,1%), Brazilië (18,1%), Pakistan (18,2%).

De industrie per hoofd in Oceanië was $7.127,9 in de jaren 2010s, en was vergelijkbaar met Trinidad en Tobago (US$7,1 duizend). De sector van de industrie per hoofd in Oceanië was in 3,1 keer hoger dan de industrie per hoofd van de bevolking in de wereld ($2.320,9).

De groei van de industrie in Oceanië bedroeg 2.6% in de jaren 2010, en was vergelijkbaar met Australië (2,6%), Japan (2,6%), Tsjaad (2,6%). De groei van de industrie in Oceanië (2,6%) was minder dan de groei van de industrie in de wereld (3,5%).

Vergelijking met regio's. De sector van de industrie in Oceanië was 29,1 keer minder dan in Azië (US$8,1 biljoen), 15,2 keer minder dan in Amerika (US$4,2 biljoen), 13,5 keer minder dan in Europa (US$3,8 biljoen) en 2,0 keer minder dan in Afrika (US$571,4 miljard). De industrie per hoofd in Oceanië was 40,1% groter dan in Europa (US$5,1 duizend), 63,7% groter dan in Amerika (US$4,4 duizend), 3,9 keer groter dan in Azië (US$1.847,0) en 14,6 keer groter dan in Afrika (US$489,1). De groei van de industrie in Oceanië was groter dan in Europa (2,0%), in Amerika (1,8%) en in Afrika (0,035%); maar minder dan in Azië (5,6%).

Subregio's. De industrie van Oceanië in de jaren 2010 bestond uit: Australazië (97,2%), Melanesië (2,6%), Polynesië (0,21%) en Micronesië (0,030%). Het aandeel van de industrie in de economie van subregio's: Melanesië (20,7%), Australazië (18,1%), Polynesië (8,5%) en Micronesië (8,1%). De industrie per hoofd van de bevolking in subregio's: Australazië ($9.601,9), Polynesië ($970,8), Melanesië ($722,6) en Micronesië ($275,7). De groei van de industrie in subregio's: Melanesië (8,4%), Micronesië (5,6%), Australazië (2,4%) en Polynesië (0,44%).

Leiders. De toegevoegde waarde van de industrie in Oceanië in de jaren 2010 bestond uit: Australië (87,2%), Nieuw-Zeeland (10,0%), Papoea-Nieuw-Guinea (1,9%), Nieuw-Caledonië (0,42%), Fiji (0,22%). Het aandeel van de industrie in economie van de leiders: Papoea-Nieuw-Guinea (25,9%), Australië (18,3%), Fiji (16,6%), Nieuw-Zeeland (16,3%) en Nieuw-Caledonië (13,1%). De waarde van de industrie per hoofd in Oceanië onder de leiders: Australië ($10.280,9), Nieuw-Zeeland ($6.087,1), Nieuw-Caledonië ($4.380,7), Fiji ($717,5) en Papoea-Nieuw-Guinea ($657,8). De groei van de industrie onder de leiders: Papoea-Nieuw-Guinea (10,2%), Fiji (5,0%),

Australië (2,6%), Nieuw-Caledonië (1,9%) en Nieuw-Zeeland (1,3%).

Hoofdstuk 5.1. Fabricage

(ISIC D)

De waarde van de fabricage in Oceanië steeg van US$21,8 miljard per jaar in de jaren 1970 tot US$111,8 miljard per jaar in de jaren 2010, dat wil zeggen met US$90,0 miljard of 5,1 keer. De verandering vond plaats op US$78,4 miljard als gevolg van een 3,3-voudige stijging van de prijzen, en ook op -US$6,7 miljard als gevolg van een 1,2-voudige afname van de productiviteit , evenals op US$18,3 miljard als gevolg van de toename van de bevolking. De gemiddelde jaarlijkse groei van de fabricage is 1,1%. De minimumwaarde van de fabricage bedroeg US$11,2 miljard in 1970. De maximumwaarde van de fabricage bedroeg US$129,9 miljard in 2011.

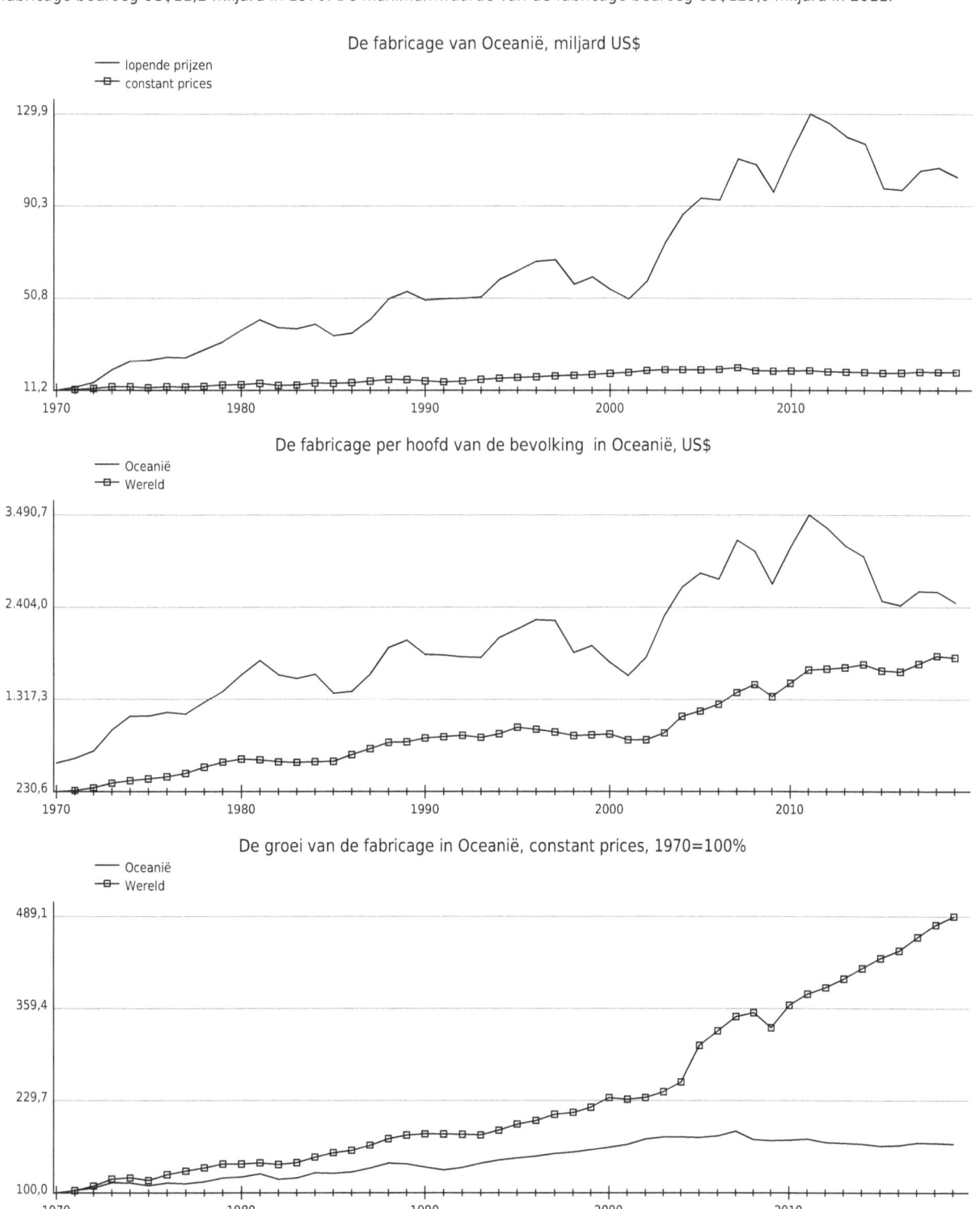

De fabricage van Oceanië, miljard US$

De fabricage per hoofd van de bevolking in Oceanië, US$

De groei van de fabricage in Oceanië, constant prices, 1970=100%

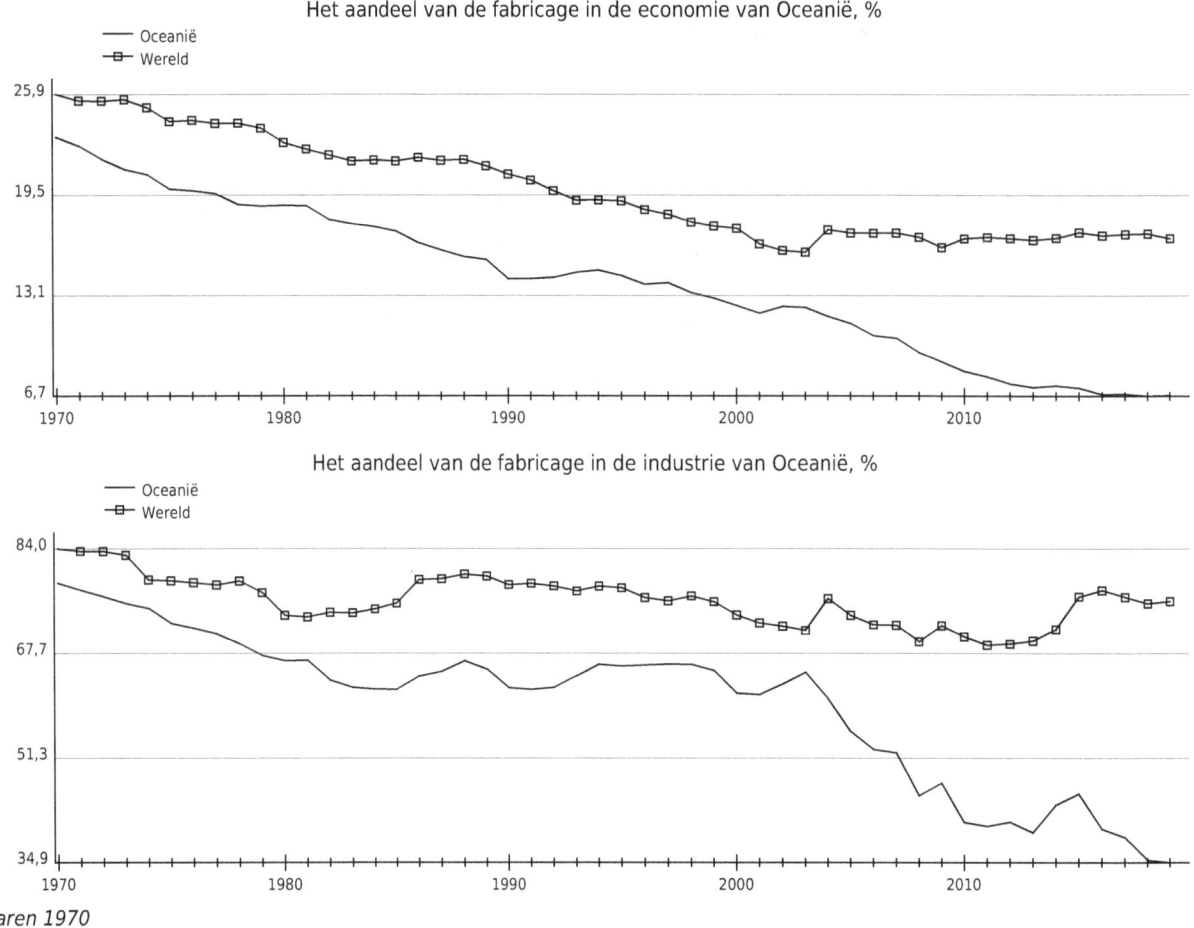

Het aandeel van de fabricage in de economie van Oceanië, %

Het aandeel van de fabricage in de industrie van Oceanië, %

de jaren 1970

De waarde van de fabricage in Oceanië bedroeg in de jaren 1970 US$21,8 miljard per jaar, en was vergelijkbaar met Centraal-Amerika (US$22,1 miljard), Australazië (US$21,4 miljard). Het aandeel in de wereld was 1,4%.

Het aandeel van de fabricage in de economie van Oceanië was 20,1% in de jaren 1970, en was vergelijkbaar met Australië (20,1%), Marokko (20,0%), Senegal (20,0%).

De waarde van de fabricage per hoofd in Oceanië was $1.020,6 in de jaren 1970s, en was vergelijkbaar met Europa (US$1.019,3), het Verenigd Koninkrijk (US$1.012,6), Italië (US$1.005,2). De fabricage per hoofd in Oceanië was in 2,7 keer hoger dan de fabricage per hoofd van de bevolking in de wereld ($383,2).

De groei van de fabricage in Oceanië bedroeg 2.1% in de jaren 1970, en was vergelijkbaar met Duitsland (2,1%). De groei van de fabricage in Oceanië (2,1%) was minder dan de groei van de fabricage in de wereld (3,8%).

Vergelijking met regio's. De waarde van de fabricage in Oceanië was minder dan in Europa (US$739,4 miljard), in Amerika (US$502,0 miljard), in Azië (US$243,5 miljard) en in Afrika (US$40,8 miljard). De sector van de fabricage per hoofd in Oceanië was groter dan in Europa (US$1.019,3), in Amerika (US$896,7), in Azië (US$104,9) en in Afrika (US$99,3). De groei van de fabricage in Oceanië was minder dan in Azië (5,6%), in Afrika (4,9%), in Amerika (3,6%) en in Europa (3,5%).

Subregio's. De toegevoegde waarde van de fabricage in Oceanië in de jaren 1970 bestond uit: Australazië (98,1%), Melanesië (1,6%), Polynesië (0,25%) en Micronesië (0,0072%). Het aandeel van de fabricage in de economie van subregio's: Australazië (20,7%), Melanesië (8,7%), Polynesië (7,4%) en Micronesië (1,0%). De fabricage per hoofd van de bevolking in subregio's: Australazië ($1.281,1), Polynesië ($140,0), Melanesië ($85,8) en Micronesië ($9,5). De groei van de fabricage in subregio's: Micronesië (5,6%), Polynesië (2,3%), Australazië (2,1%) en Melanesië (-0,17%).

Leiders. De sector van de fabricage in Oceanië in de jaren 1970 bestond uit: Australië (83,1%), Nieuw-Zeeland (15,0%), Nieuw-Caledonië (0,90%), Papoea-Nieuw-Guinea (0,36%), Fiji (0,34%). Het aandeel van de fabricage in economie van de leiders: Nieuw-Caledonië (28,5%), Nieuw-Zeeland (25,0%), Australië (20,1%), Fiji (12,2%) en Papoea-Nieuw-Guinea (2,9%). De waarde van de fabricage per hoofd in Oceanië onder de leiders: Nieuw-Caledonië ($1.549,4), Australië ($1.324,7), Nieuw-Zeeland ($1.083,8), Fiji

($128,7) en Papoea-Nieuw-Guinea ($25,0). De groei van de fabricage onder de leiders: Fiji (4,5%), Papoea-Nieuw-Guinea (2,9%), Nieuw-Zeeland (2,6%), Australië (2,0%) en Nieuw-Caledonië (-2,6%).

de jaren 1980

De waarde van de fabricage in Oceanië bedroeg in de jaren 1980 US$41,1 miljard per jaar, en was vergelijkbaar met Australazië (US$40,3 miljard). Het aandeel in de wereld was 1,3%.

Het aandeel van de fabricage in de economie van Oceanië was 16,9% in de jaren 1980, en was vergelijkbaar met Albanië (16,8%).

De toegevoegde waarde van de fabricage per hoofd in Oceanië was $1.656,8 in de jaren 1980s, en was vergelijkbaar met Nieuw-Caledonië (US$1.662,4), Europa (US$1.672,2), Israël (US$1.637,9). De toegevoegde waarde van de fabricage per hoofd in Oceanië was in 2,5 keer hoger dan de fabricage per hoofd van de bevolking in de wereld ($661,2).

De groei van de fabricage in Oceanië bedroeg 1.5% in de jaren 1980, en was vergelijkbaar met het Verenigd Koninkrijk (1,5%), Zwitserland (1,5%). De groei van de fabricage in Oceanië (1,5%) was minder dan de groei van de fabricage in de wereld (2,6%).

Vergelijking met regio's. De waarde van de fabricage in Oceanië was minder dan in Europa (US$1,3 biljoen), in Amerika (US$1,1 biljoen), in Azië (US$727,9 miljard) en in Afrika (US$85,4 miljard). De waarde van de fabricage per hoofd in Oceanië was groter dan in Amerika (US$1.597,5), in Azië (US$256,6) en in Afrika (US$157,6); maar minder dan in Europa (US$1.672,2). De groei van de fabricage in Oceanië was minder dan in Azië (5,4%), in Europa (2,1%), in Afrika (2,0%) en in Amerika (1,8%).

Subregio's. De sector van de fabricage in Oceanië in de jaren 1980 bestond uit: Australazië (98,1%), Melanesië (1,4%), Polynesië (0,42%) en Micronesië (0,010%). Het aandeel van de fabricage in de economie van subregio's: Australazië (17,3%), Polynesië (8,1%), Melanesië (7,6%) en Micronesië (1,6%). De fabricage per hoofd van de bevolking in subregio's: Australazië ($2.138,5), Polynesië ($377,2), Melanesië ($111,2) en Micronesië ($20,3). De groei van de fabricage in subregio's: Melanesië (4,7%), Polynesië (3,1%), Australazië (1,5%) en Micronesië (1,3%).

Leiders. De toegevoegde waarde van de fabricage in Oceanië in de jaren 1980 bestond uit: Australië (81,6%), Nieuw-Zeeland (16,5%), Nieuw-Caledonië (0,63%), Papoea-Nieuw-Guinea (0,44%), Frans-Polynesië (0,36%). Het aandeel van de fabricage in economie van de leiders: Nieuw-Zeeland (23,1%), Nieuw-Caledonië (20,7%), Australië (16,5%), Frans-Polynesië (7,9%) en Papoea-Nieuw-Guinea (3,7%). De fabricage per hoofd in Oceanië onder de leiders: Australië ($2.148,9), Nieuw-Zeeland ($2.088,5), Nieuw-Caledonië ($1.662,4), Frans-Polynesië ($857,8) en Papoea-Nieuw-Guinea ($44,6). De groei van de fabricage onder de leiders: Nieuw-Caledonië (7,1%), Frans-Polynesië (4,9%), Australië (1,7%), Nieuw-Zeeland (0,68%) en Papoea-Nieuw-Guinea (0,42%).

de jaren 1990

De toegevoegde waarde van de fabricage in Oceanië bedroeg in de jaren 1990 US$57,4 miljard per jaar, en was vergelijkbaar met Zwitserland (US$56,8 miljard), Turkije (US$56,3 miljard), Australazië (US$56,2 miljard). Het aandeel in de wereld was 1,1%.

Het aandeel van de fabricage in de economie van Oceanië was 13,9% in de jaren 1990, en was vergelijkbaar met Nieuw-Caledonië (14,0%), Bosnië en Herzegovina (13,8%).

De fabricage per hoofd in Oceanië was $1.986,6 in de jaren 1990s. De sector van de fabricage per hoofd in Oceanië was in 2,2 keer hoger dan de fabricage per hoofd van de bevolking in de wereld ($908,4).

De groei van de fabricage in Oceanië bedroeg 1.3% in de jaren 1990, en was vergelijkbaar met Nieuw-Zeeland (1,3%). De groei van de fabricage in Oceanië (1,3%) was minder dan de groei van de fabricage in de wereld (2,0%).

Vergelijking met regio's. De sector van de fabricage in Oceanië was minder dan in Europa (US$1,8 biljoen), in Amerika (US$1,7 biljoen), in Azië (US$1,6 biljoen) en in Afrika (US$88,4 miljard). De sector van de fabricage per hoofd in Oceanië was groter dan in Azië (US$456,2) en in Afrika (US$124,8); maar minder dan in Europa (US$2,4 duizend) en in Amerika (US$2,2 duizend). De groei van de fabricage in Oceanië was groter dan in Afrika (0,55%) en in Europa (0,24%); maar minder dan in Azië (3,5%) en in Amerika (3,0%).

Subregio's. De toegevoegde waarde van de fabricage in Oceanië in de jaren 1990 bestond uit: Australazië (97,8%), Melanesië (1,6%), Polynesië (0,50%) en Micronesië (0,016%). Het aandeel van de fabricage in de economie van subregio's: Australazië (14,2%), Melanesië (7,6%), Polynesië (7,0%) en Micronesië (1,8%). De fabricage per hoofd van de bevolking in subregio's: Australazië ($2.611,8), Polynesië ($567,1), Melanesië ($141,5) en Micronesië ($35,4). De groei van de fabricage in subregio's: Australazië (1,4%), Micronesië (0,89%),

Polynesië (-0,25%) en Melanesië (-2,6%).

Leiders. De fabricage van Oceanië in de jaren 1990 bestond uit: Australië (81,5%), Nieuw-Zeeland (16,4%), Nieuw-Caledonië (0,76%), Frans-Polynesië (0,44%), Papoea-Nieuw-Guinea (0,41%). Het aandeel van de fabricage in economie van de leiders: Nieuw-Zeeland (18,4%), Nieuw-Caledonië (14,0%), Australië (13,6%), Frans-Polynesië (6,9%) en Papoea-Nieuw-Guinea (3,4%). De toegevoegde waarde van de fabricage per hoofd in Oceanië onder de leiders: Australië ($2.616,2), Nieuw-Zeeland ($2.590,1), Nieuw-Caledonië ($2.286,7), Frans-Polynesië ($1.154,3) en Papoea-Nieuw-Guinea ($45,9). De groei van de fabricage onder de leiders: Papoea-Nieuw-Guinea (2,3%), Australië (1,4%), Nieuw-Zeeland (1,3%), Frans-Polynesië (-0,30%) en Nieuw-Caledonië (-7,0%).

de jaren 2000

De sector van de fabricage in Oceanië bedroeg in de jaren 2000 US$82,6 miljard per jaar, en was vergelijkbaar met Indonesië (US$82,2 miljard), Australazië (US$80,8 miljard). Het aandeel in de wereld was 1,1%.

Het aandeel van de fabricage in de economie van Oceanië was 10,7% in de jaren 2000, en was vergelijkbaar met Georgië (10,8%), de Seychellen (10,7%), Noord-Macedonië (10,8%).

De fabricage per hoofd in Oceanië was $2.480,4 in de jaren 2000s. De waarde van de fabricage per hoofd in Oceanië was in 2,2 keer hoger dan de fabricage per hoofd van de bevolking in de wereld ($1.138,1).

De groei van de fabricage in Oceanië bedroeg 0.8% in de jaren 2000, en was vergelijkbaar met Australazië (0,79%). De groei van de fabricage in Oceanië (0,79%) was minder dan de groei van de fabricage in de wereld (4,2%).

Vergelijking met regio's. De fabricage van Oceanië was minder dan in Azië (US$2,6 biljoen), in Europa (US$2,3 biljoen), in Amerika (US$2,3 biljoen) en in Afrika (US$131,3 miljard). De sector van de fabricage per hoofd in Oceanië was groter dan in Azië (US$659,1) en in Afrika (US$144,8); maar minder dan in Europa (US$3,2 duizend) en in Amerika (US$2,6 duizend). De groei van de fabricage in Oceanië was groter dan in Europa (0,69%); maar minder dan in Azië (10,5%), in Afrika (3,5%) en in Amerika (1,4%).

Subregio's. De waarde van de fabricage in Oceanië in de jaren 2000 bestond uit: Australazië (97,8%), Melanesië (1,8%), Polynesië (0,43%) en Micronesië (0,017%). Het aandeel van de fabricage in de economie van subregio's: Australazië (10,8%), Melanesië (9,0%), Polynesië (6,3%) en Micronesië (2,2%). De fabricage per hoofd van de bevolking in subregio's: Australazië ($3.328,6), Polynesië ($629,0), Melanesië ($176,8) en Micronesië ($51,4). De groei van de fabricage in subregio's: Micronesië (3,7%), Melanesië (1,4%), Australazië (0,79%) en Polynesië (-0,74%).

Leiders. De sector van de fabricage in Oceanië in de jaren 2000 bestond uit: Australië (81,9%), Nieuw-Zeeland (15,9%), Nieuw-Caledonië (1,1%), Fiji (0,41%), Frans-Polynesië (0,34%). Het aandeel van de fabricage in economie van de leiders: Nieuw-Caledonië (15,6%), Nieuw-Zeeland (14,6%), Fiji (13,8%), Australië (10,3%) en Frans-Polynesië (5,7%). De toegevoegde waarde van de fabricage per hoofd in Oceanië onder de leiders: Nieuw-Caledonië ($3.739,7), Australië ($3.352,2), Nieuw-Zeeland ($3.212,0), Frans-Polynesië ($1.084,6) en Fiji ($407,9). De groei van de fabricage onder de leiders: Nieuw-Caledonië (1,7%), Australië (0,93%), Nieuw-Zeeland (0,15%), Fiji (-0,17%) en Frans-Polynesië (-0,98%).

de jaren 2010

De fabricage van Oceanië bedroeg in de jaren 2010 US$111,8 miljard per jaar, en was vergelijkbaar met Australazië (US$109,3 miljard). Het aandeel in de wereld was 0,90%.

Het aandeel van de fabricage in de economie van Oceanië was 7,2% in de jaren 2010, en was vergelijkbaar met Australazië (7,3%), Congo-Brazzaville (7,3%), Sao Tomé en Principe (7,2%).

De fabricage per hoofd in Oceanië was $2.847,4 in de jaren 2010s, en was vergelijkbaar met Oost-Azië (US$2,9 duizend). De fabricage per hoofd in Oceanië was 67,7% hoger dan de fabricage per hoofd van de bevolking in de wereld ($1.697,4).

De groei van de fabricage in Oceanië bedroeg -0.3% in de jaren 2010. De groei van de fabricage in Oceanië (-0,27%) was minder dan de groei van de fabricage in de wereld (3,9%).

Vergelijking met regio's. De fabricage van Oceanië was 55,3 keer minder dan in Azië (US$6,2 biljoen), 27,0 keer minder dan in Amerika (US$3,0 biljoen), 25,9 keer minder dan in Europa (US$2,9 biljoen) en 2,2 keer minder dan in Afrika (US$241,0 miljard). De waarde van de fabricage per hoofd in Oceanië was 2,0 keer groter dan in Azië (US$1.401,2) en 13,8 keer groter dan in Afrika (US$206,2); maar 26,9% minder dan in Europa (US$3,9 duizend) en 8,2% minder dan in Amerika (US$3,1 duizend). De groei van de fabricage in Oceanië was minder dan in Azië (6,0%), in Afrika (3,6%), in Europa (2,5%) en in Amerika (1,6%).

Subregio's. De fabricage van Oceanië in de jaren 2010 bestond uit: Australazië (97,8%), Melanesië (1,9%), Polynesië (0,35%) en Micronesië (0,036%). Het aandeel van de fabricage in de economie van subregio's: Australazië (7,3%), Melanesië (6,0%), Polynesië (5,7%) en Micronesië (3,9%). De fabricage per hoofd van de bevolking in subregio's: Australazië ($3.858,6), Polynesië ($647,8), Melanesië ($207,8) en Micronesië ($131,1). De groei van de fabricage in subregio's: Micronesië (4,4%), Melanesië (1,2%), Polynesië (0,078%) en Australazië (-0,30%).

Leiders. De waarde van de fabricage in Oceanië in de jaren 2010 bestond uit: Australië (80,0%), Nieuw-Zeeland (17,7%), Nieuw-Caledonië (0,91%), Fiji (0,45%), Papoea-Nieuw-Guinea (0,40%). Het aandeel van de fabricage in economie van de leiders: Fiji (13,4%), Nieuw-Zeeland (11,6%), Nieuw-Caledonië (11,3%), Australië (6,7%) en Papoea-Nieuw-Guinea (2,2%). De fabricage per hoofd in Oceanië onder de leiders: Nieuw-Zeeland ($4.320,8), Nieuw-Caledonië ($3.779,7), Australië ($3.769,3), Fiji ($579,7) en Papoea-Nieuw-Guinea ($55,5). De groei van de fabricage onder de leiders: Fiji (4,4%), Nieuw-Zeeland (1,9%), Nieuw-Caledonië (-0,097%), Papoea-Nieuw-Guinea (-0,40%) en Australië (-0,84%).

Hoofdstuk VI. Constructie

(ISIC F)

De constructie van Oceanië steeg van US$8,9 miljard per jaar in de jaren 1970 tot US$124,5 miljard per jaar in de jaren 2010, dat wil zeggen met US$115,7 miljard of 14,1 keer. De verandering vond plaats op US$93,4 miljard als gevolg van een 4,0-voudige stijging van de prijzen, en ook op US$14,8 miljard als gevolg van een 1,9-voudige toename van de productiviteit , evenals op US$7,4 miljard als gevolg van de toename van de bevolking. De gemiddelde jaarlijkse groei van de constructie is 2,8%. De minimumwaarde van de constructie bedroeg US$4,1 miljard in 1970. De maximumwaarde van de constructie bedroeg US$140,9 miljard in 2012.

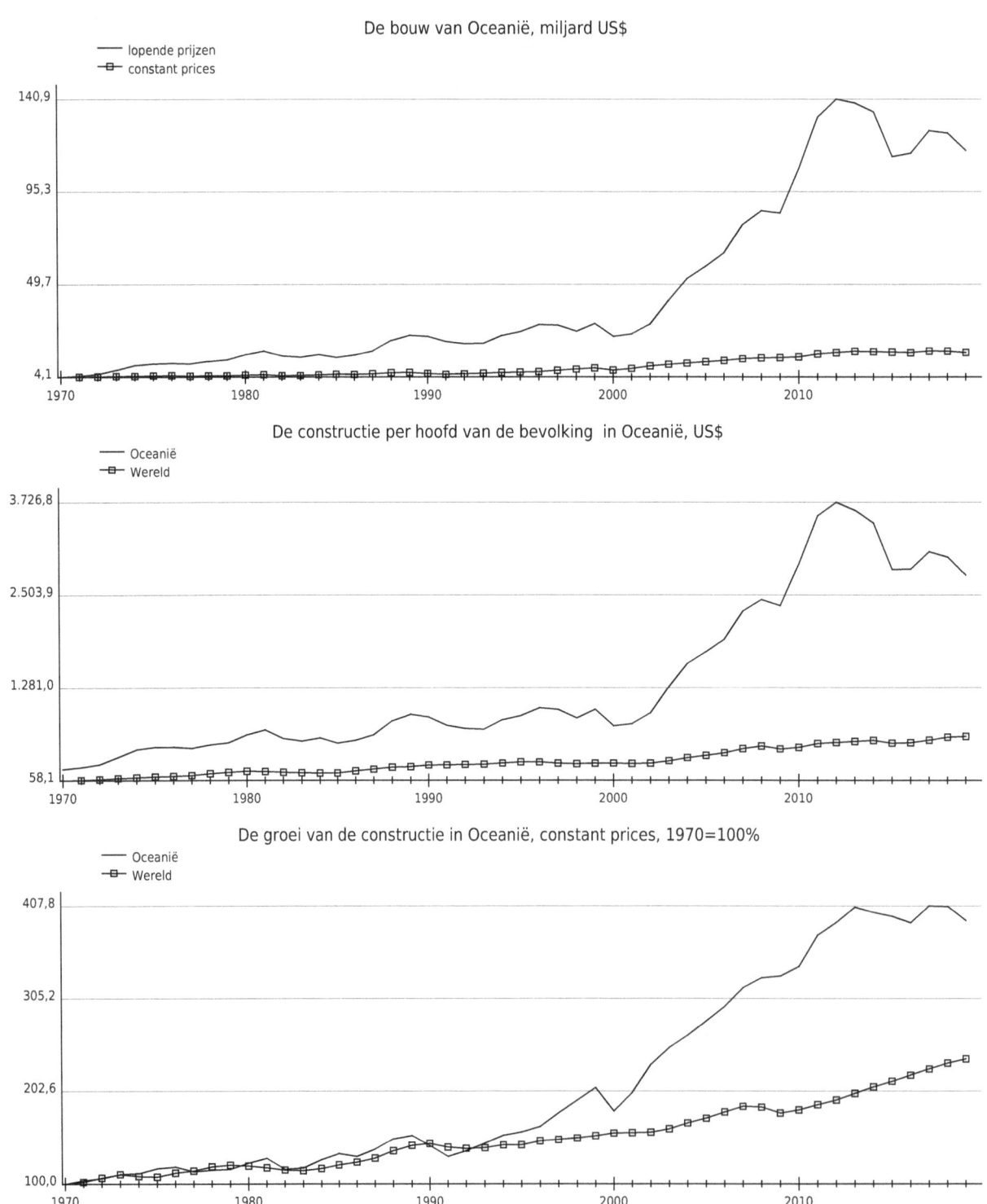

De bouw van Oceanië, miljard US$

De constructie per hoofd van de bevolking in Oceanië, US$

De groei van de constructie in Oceanië, constant prices, 1970=100%

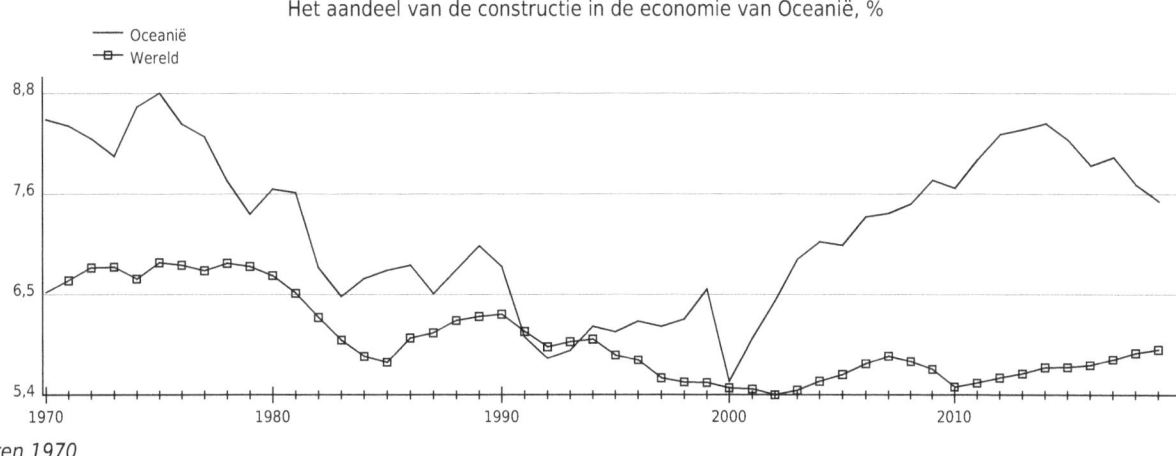

Het aandeel van de constructie in de economie van Oceanië, %

de jaren 1970

De waarde van de constructie in Oceanië bedroeg in de jaren 1970 US$8,9 miljard per jaar, en was vergelijkbaar met Centraal-Amerika (US$9,0 miljard). Het aandeel in de wereld was 2,1%.

Het aandeel van de constructie in de economie van Oceanië was 8,2% in de jaren 1970, en was vergelijkbaar met Noord-Korea (8,1%), Sao Tomé en Principe (8,1%).

De waarde van de constructie per hoofd in Oceanië was $415,3 in de jaren 1970s, en was vergelijkbaar met Frankrijk (US$417,3), Oostenrijk (US$417,9), Noorwegen (US$412,5). De toegevoegde waarde van de constructie per hoofd in Oceanië was in 3,9 keer hoger dan de constructie per hoofd van de bevolking in de wereld ($106,1).

De groei van de constructie in Oceanië bedroeg 1.7% in de jaren 1970. De groei van de constructie in Oceanië (1,7%) was minder dan de groei van de constructie in de wereld (2,1%).

Vergelijking met regio's. De sector van de constructie in Oceanië was minder dan in Europa (US$201,6 miljard), in Amerika (US$121,8 miljard), in Azië (US$79,9 miljard) en in Afrika (US$16,4 miljard). De sector van de constructie per hoofd in Oceanië was groter dan in Europa (US$277,9), in Amerika (US$217,5), in Afrika (US$39,9) en in Azië (US$34,4). De groei van de constructie in Oceanië was groter dan in Amerika (1,5%) en in Europa (1,3%); maar minder dan in Azië (5,1%) en in Afrika (4,5%).

Subregio's. De sector van de constructie in Oceanië in de jaren 1970 bestond uit: Australazië (96,9%), Melanesië (2,4%), Polynesië (0,62%) en Micronesië (0,12%). Het aandeel van de constructie in de economie van subregio's: Australazië (8,3%), Polynesië (7,3%), Micronesië (6,9%) en Melanesië (5,2%). De bouw per hoofd van de bevolking in subregio's: Australazië ($514,8), Polynesië ($138,5), Micronesië ($63,3) en Melanesië ($51,4). De groei van de constructie in subregio's: Polynesië (8,9%), Melanesië (7,3%), Micronesië (4,7%) en Australazië (1,5%).

Leiders. De toegevoegde waarde van de constructie in Oceanië in de jaren 1970 bestond uit: Australië (86,8%), Nieuw-Zeeland (10,1%), Papoea-Nieuw-Guinea (1,0%), Nieuw-Caledonië (0,86%), Frans-Polynesië (0,55%). Het aandeel van de constructie in economie van de leiders: Nieuw-Caledonië (11,1%), Australië (8,5%), Frans-Polynesië (7,9%), Nieuw-Zeeland (6,8%) en Papoea-Nieuw-Guinea (3,5%). De constructie per hoofd in Oceanië onder de leiders: Nieuw-Caledonië ($606,3), Australië ($563,4), Frans-Polynesië ($377,6), Nieuw-Zeeland ($295,1) en Papoea-Nieuw-Guinea ($29,5). De groei van de constructie onder de leiders: Nieuw-Caledonië (13,2%), Frans-Polynesië (10,6%), Papoea-Nieuw-Guinea (2,7%), Australië (1,8%) en Nieuw-Zeeland (-0,15%).

de jaren 1980

De constructie van Oceanië bedroeg in de jaren 1980 US$16,8 miljard per jaar, en was vergelijkbaar met Mexico (US$16,8 miljard), Brazilië (US$16,4 miljard). Het aandeel in de wereld was 1,9%.

Het aandeel van de constructie in de economie van Oceanië was 6,9% in de jaren 1980, en was vergelijkbaar met Chili (6,9%), Brazilië (6,9%), Roemenië (6,9%).

De constructie per hoofd in Oceanië was $677,4 in de jaren 1980s, en was vergelijkbaar met de Nederland (US$677,6). De waarde van de constructie per hoofd in Oceanië was in 3,6 keer hoger dan de constructie per hoofd van de bevolking in de wereld ($186,2).

De groei van de constructie in Oceanië bedroeg 2.8% in de jaren 1980, en was vergelijkbaar met Noord-Korea (2,8%), Grenada (2,8%).

De groei van de constructie in Oceanië (2,8%) was groter dan de groei van de constructie in de wereld (1,7%).

Vergelijking met regio's. De bouw van Oceanië was minder dan in Europa (US$355,2 miljard), in Amerika (US$262,8 miljard), in Azië (US$236,3 miljard) en in Afrika (US$28,9 miljard). De bouw per hoofd in Oceanië was groter dan in Europa (US$462,7), in Amerika (US$396,8), in Azië (US$83,3) en in Afrika (US$53,3). De groei van de constructie in Oceanië was groter dan in Azië (2,7%), in Europa (1,9%), in Amerika (0,83%) en in Afrika (0,41%).

Subregio's. De sector van de constructie in Oceanië in de jaren 1980 bestond uit: Australazië (97,4%), Melanesië (1,6%), Polynesië (0,90%) en Micronesië (0,14%). Het aandeel van de constructie in de economie van subregio's: Micronesië (8,5%), Polynesië (7,1%), Australazië (7,0%) en Melanesië (3,4%). De bouw per hoofd van de bevolking in subregio's: Australazië ($867,7), Polynesië ($332,7), Micronesië ($110,8) en Melanesië ($49,7). De groei van de constructie in subregio's: Australazië (2,9%), Micronesië (0,66%), Melanesië (-0,054%) en Polynesië (-0,63%).

Leiders. De sector van de constructie in Oceanië in de jaren 1980 bestond uit: Australië (87,8%), Nieuw-Zeeland (9,6%), Frans-Polynesië (0,84%), Papoea-Nieuw-Guinea (0,80%), Nieuw-Caledonië (0,38%). Het aandeel van de constructie in economie van de leiders: Frans-Polynesië (7,4%), Australië (7,2%), Nieuw-Zeeland (5,5%), Nieuw-Caledonië (5,1%) en Papoea-Nieuw-Guinea (2,7%). De sector van de constructie per hoofd in Oceanië onder de leiders: Australië ($945,2), Frans-Polynesië ($803,4), Nieuw-Zeeland ($496,3), Nieuw-Caledonië ($409,4) en Papoea-Nieuw-Guinea ($33,2). De groei van de constructie onder de leiders: Papoea-Nieuw-Guinea (5,3%), Australië (3,0%), Nieuw-Zeeland (2,1%), Frans-Polynesië (0,089%) en Nieuw-Caledonië (-3,6%).

de jaren 1990

De sector van de constructie in Oceanië bedroeg in de jaren 1990 US$25,5 miljard per jaar. Het aandeel in de wereld was 1,6%.

Het aandeel van de constructie in de economie van Oceanië was 6,2% in de jaren 1990, en was vergelijkbaar met Griekenland (6,2%), Nepal (6,2%), Europa (6,2%).

De toegevoegde waarde van de constructie per hoofd in Oceanië was $881,0 in de jaren 1990s, en was vergelijkbaar met Zuid-Europa (US$900,9). De bouw per hoofd in Oceanië was in 3,2 keer hoger dan de constructie per hoofd van de bevolking in de wereld ($278,6).

De groei van de constructie in Oceanië bedroeg 3% in de jaren 1990, en was vergelijkbaar met Australazië (3,0%), Angola (3,0%). De groei van de constructie in Oceanië (3,0%) was groter dan de groei van de constructie in de wereld (0,71%).

Vergelijking met regio's. De sector van de constructie in Oceanië was groter dan in Afrika (US$24,5 miljard); maar minder dan in Europa (US$552,8 miljard), in Azië (US$550,2 miljard) en in Amerika (US$435,1 miljard). De bouw per hoofd in Oceanië was groter dan in Europa (US$760,7), in Amerika (US$564,1), in Azië (US$158,8) en in Afrika (US$34,6). De groei van de constructie in Oceanië was groter dan in Afrika (2,8%), in Azië (2,3%), in Amerika (1,8%) en in Europa (-1,7%).

Subregio's. De bouw van Oceanië in de jaren 1990 bestond uit: Australazië (97,2%), Melanesië (1,9%), Polynesië (0,73%) en Micronesië (0,13%). Het aandeel van de constructie in de economie van subregio's: Micronesië (6,4%), Australazië (6,3%), Polynesië (4,6%) en Melanesië (4,0%). De bouw per hoofd van de bevolking in subregio's: Australazië ($1.150,8), Polynesië ($366,7), Micronesië ($124,5) en Melanesië ($73,6). De groei van de constructie in subregio's: Melanesië (4,6%), Australazië (3,0%), Polynesië (0,69%) en Micronesië (0,076%).

Leiders. De waarde van de constructie in Oceanië in de jaren 1990 bestond uit: Australië (88,4%), Nieuw-Zeeland (8,8%), Papoea-Nieuw-Guinea (0,84%), Nieuw-Caledonië (0,82%), Frans-Polynesië (0,64%). Het aandeel van de constructie in economie van de leiders: Nieuw-Caledonië (6,7%), Australië (6,5%), Frans-Polynesië (4,5%), Nieuw-Zeeland (4,4%) en Papoea-Nieuw-Guinea (3,1%). De constructie per hoofd in Oceanië onder de leiders: Australië ($1.258,3), Nieuw-Caledonië ($1.088,4), Frans-Polynesië ($753,7), Nieuw-Zeeland ($620,7) en Papoea-Nieuw-Guinea ($41,4). De groei van de constructie onder de leiders: Nieuw-Caledonië (8,7%), Australië (3,2%), Papoea-Nieuw-Guinea (2,0%), Nieuw-Zeeland (1,8%) en Frans-Polynesië (0,19%).

de jaren 2000

De constructie van Oceanië bedroeg in de jaren 2000 US$54,8 miljard per jaar. Het aandeel in de wereld was 2,2%.

Het aandeel van de constructie in de economie van Oceanië was 7,1% in de jaren 2000, en was vergelijkbaar met Equatoriaal-Guinea (7,1%), Australazië (7,2%), Bangladesh (7,2%).

De toegevoegde waarde van de constructie per hoofd in Oceanië was $1.644,6 in de jaren 2000s, en was vergelijkbaar met België

(US$1.642,6), West-Europa (US$1.612,8). De sector van de constructie per hoofd in Oceanië was in 4,3 keer hoger dan de constructie per hoofd van de bevolking in de wereld ($381,3).

De groei van de constructie in Oceanië bedroeg 4.8% in de jaren 2000, en was vergelijkbaar met Litouwen (4,8%). De groei van de constructie in Oceanië (4,8%) was groter dan de groei van de constructie in de wereld (1,5%).

Vergelijking met regio's. De toegevoegde waarde van de constructie in Oceanië was groter dan in Afrika (US$48,7 miljard); maar minder dan in Europa (US$838,7 miljard), in Amerika (US$818,0 miljard) en in Azië (US$719,2 miljard). De constructie per hoofd in Oceanië was groter dan in Europa (US$1.147,4), in Amerika (US$931,0), in Azië (US$181,9) en in Afrika (US$53,8). De groei van de constructie in Oceanië was groter dan in Azië (4,4%), in Europa (0,97%) en in Amerika (-0,96%); maar minder dan in Afrika (8,4%).

Subregio's. De waarde van de constructie in Oceanië in de jaren 2000 bestond uit: Australazië (97,5%), Melanesië (1,9%), Polynesië (0,51%) en Micronesië (0,074%). Het aandeel van de constructie in de economie van subregio's: Australazië (7,2%), Melanesië (6,6%), Micronesië (6,2%) en Polynesië (5,0%). De bouw per hoofd van de bevolking in subregio's: Australazië ($2.199,5), Polynesië ($497,9), Micronesië ($144,9) en Melanesië ($129,8). De groei van de constructie in subregio's: Melanesië (9,0%), Australazië (4,7%), Micronesië (1,1%) en Polynesië (0,99%).

Leiders. De bouw van Oceanië in de jaren 2000 bestond uit: Australië (88,2%), Nieuw-Zeeland (9,3%), Nieuw-Caledonië (1,0%), Papoea-Nieuw-Guinea (0,76%), Frans-Polynesië (0,42%). Het aandeel van de constructie in economie van de leiders: Nieuw-Caledonië (9,9%), Australië (7,4%), Papoea-Nieuw-Guinea (5,8%), Nieuw-Zeeland (5,6%) en Frans-Polynesië (4,8%). De constructie per hoofd in Oceanië onder de leiders: Australië ($2.394,4), Nieuw-Caledonië ($2.382,4), Nieuw-Zeeland ($1.239,7), Frans-Polynesië ($907,8) en Papoea-Nieuw-Guinea ($64,3). De groei van de constructie onder de leiders: Papoea-Nieuw-Guinea (14,2%), Nieuw-Caledonië (5,4%), Australië (4,9%), Nieuw-Zeeland (3,3%) en Frans-Polynesië (0,16%).

de jaren 2010

De sector van de constructie in Oceanië bedroeg in de jaren 2010 US$124,5 miljard per jaar, en was vergelijkbaar met Canada (US$124,3 miljard). Het aandeel in de wereld was 3,0%.

Het aandeel van de constructie in de economie van Oceanië was 8,1% in de jaren 2010, en was vergelijkbaar met Australazië (8,1%), Slowakije (8,1%), Saint Vincent en de Grenadines (8,1%).

De toegevoegde waarde van de constructie per hoofd in Oceanië was $3.171,9 in de jaren 2010s, en was vergelijkbaar met IJsland (US$3,1 duizend). De sector van de constructie per hoofd in Oceanië was in 5,5 keer hoger dan de constructie per hoofd van de bevolking in de wereld ($572,1).

De groei van de constructie in Oceanië bedroeg 1.7% in de jaren 2010, en was vergelijkbaar met Guatemala (1,7%). De groei van de constructie in Oceanië (1,7%) was minder dan de groei van de constructie in de wereld (2,9%).

Vergelijking met regio's. De constructie van Oceanië was 13,9 keer minder dan in Azië (US$1,7 biljoen), 9,3 keer minder dan in Amerika (US$1,2 biljoen), 8,5 keer minder dan in Europa (US$1,1 biljoen) en 2,6% minder dan in Afrika (US$127,9 miljard). De waarde van de constructie per hoofd in Oceanië was 2,2 keer groter dan in Europa (US$1.415,6), 2,7 keer groter dan in Amerika (US$1.189,0), 8,1 keer groter dan in Azië (US$392,9) en 29,0 keer groter dan in Afrika (US$109,4). De groei van de constructie in Oceanië was groter dan in Amerika (1,3%) en in Europa (0,50%); maar minder dan in Afrika (5,8%) en in Azië (5,6%).

Subregio's. De toegevoegde waarde van de constructie in Oceanië in de jaren 2010 bestond uit: Australazië (97,3%), Melanesië (2,4%), Polynesië (0,24%) en Micronesië (0,043%). Het aandeel van de constructie in de economie van subregio's: Melanesië (8,7%), Australazië (8,1%), Micronesië (5,2%) en Polynesië (4,3%). De constructie per hoofd van de bevolking in subregio's: Australazië ($4.277,7), Polynesië ($491,2), Melanesië ($302,7) en Micronesië ($177,7). De groei van de constructie in subregio's: Melanesië (3,4%), Micronesië (2,8%), Australazië (1,7%) en Polynesië (-1,3%).

Leiders. De waarde van de constructie in Oceanië in de jaren 2010 bestond uit: Australië (88,5%), Nieuw-Zeeland (8,7%), Papoea-Nieuw-Guinea (1,4%), Nieuw-Caledonië (0,89%), Frans-Polynesië (0,16%). Het aandeel van de constructie in economie van de leiders: Nieuw-Caledonië (12,3%), Papoea-Nieuw-Guinea (8,5%), Australië (8,3%), Nieuw-Zeeland (6,4%) en Frans-Polynesië (3,7%). De waarde van de constructie per hoofd in Oceanië onder de leiders: Australië ($4.645,0), Nieuw-Caledonië ($4.102,5), Nieuw-Zeeland ($2.376,3), Frans-Polynesië ($718,6) en Papoea-Nieuw-Guinea ($216,4). De groei van de constructie onder de leiders: Nieuw-Zeeland (4,3%), Nieuw-Caledonië (3,8%), Papoea-Nieuw-Guinea (2,6%), Australië (1,4%) en Frans-Polynesië (-3,4%).

Hoofdstuk VII. Vervoer

Transport, opslag en communicatie (ISIC I)

Het transport van Oceanië steeg van US$9,0 miljard per jaar in de jaren 1970 tot US$120,4 miljard per jaar in de jaren 2010, dat wil zeggen met US$111,3 miljard of 13,3 keer. De verandering vond plaats op US$76,1 miljard als gevolg van een 2,7-voudige stijging van de prijzen, en ook op US$27,6 miljard als gevolg van een 2,7-voudige toename van de productiviteit , evenals op US$7,6 miljard als gevolg van de toename van de bevolking. De gemiddelde jaarlijkse groei van het transport is 3,9%. De minimumwaarde van het transport bedroeg US$4,3 miljard in 1970. De maximumwaarde van het transport bedroeg US$137,4 miljard in 2012.

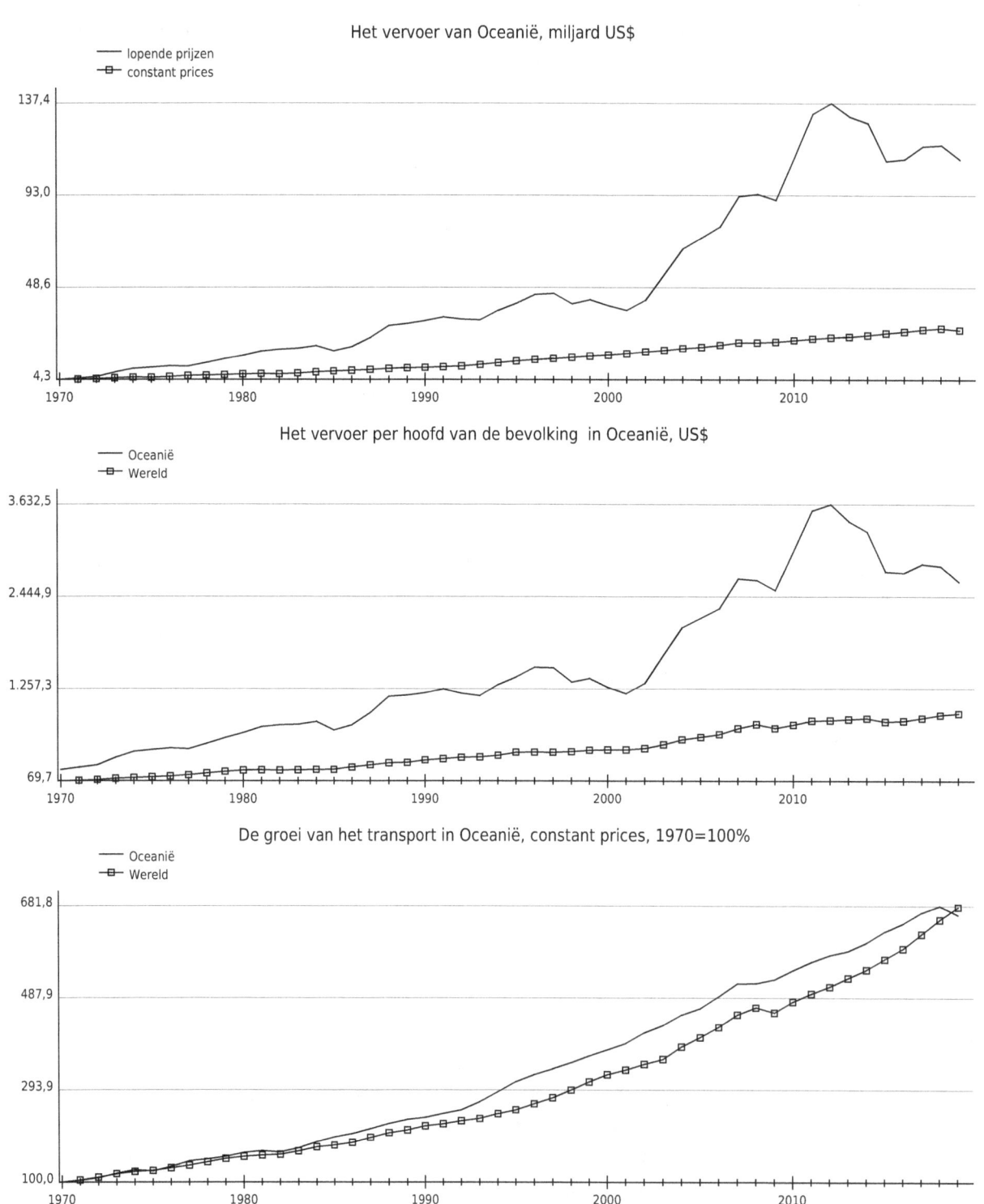

Het vervoer van Oceanië, miljard US$

Het vervoer per hoofd van de bevolking in Oceanië, US$

De groei van het transport in Oceanië, constant prices, 1970=100%

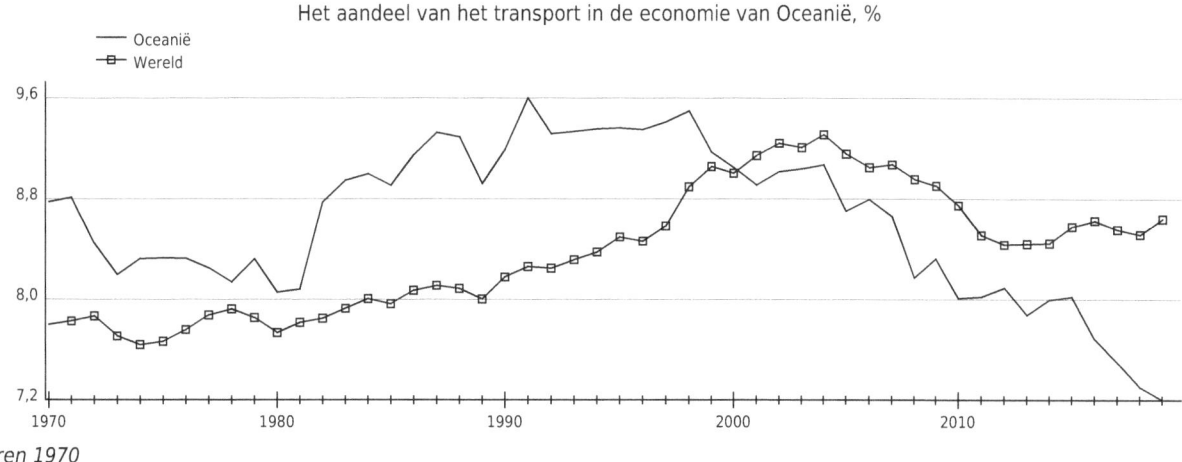

Het aandeel van het transport in de economie van Oceanië, %

de jaren 1970

De toegevoegde waarde van het transport in Oceanië bedroeg in de jaren 1970 US$9,0 miljard per jaar, en was vergelijkbaar met Zuidwest-Azië (US$9,2 miljard). Het aandeel in de wereld was 1,8%.

Het aandeel van het transport in de economie van Oceanië was 8,3% in de jaren 1970, en was vergelijkbaar met Syrië (8,3%), Madagaskar (8,4%), Tuvalu (8,3%).

Het transport per hoofd in Oceanië was $423,7 in de jaren 1970s, en was vergelijkbaar met het Verenigd Koninkrijk (US$418,1), Japan (US$416,6). De toegevoegde waarde van het transport per hoofd in Oceanië was in 3,5 keer hoger dan het transport per hoofd van de bevolking in de wereld ($122,3).

De groei van het transport in Oceanië bedroeg 4.9% in de jaren 1970, en was vergelijkbaar met Amerika (4,9%), Australazië (4,9%). De groei van het transport in Oceanië (4,9%) was groter dan de groei van het transport in de wereld (4,6%).

Vergelijking met regio's. De waarde van het transport in Oceanië was minder dan in Amerika (US$202,0 miljard), in Europa (US$180,1 miljard), in Azië (US$79,7 miljard) en in Afrika (US$22,9 miljard). Het vervoer per hoofd in Oceanië was groter dan in Amerika (US$360,9), in Europa (US$248,3), in Afrika (US$55,9) en in Azië (US$34,3). De groei van het transport in Oceanië was groter dan in Europa (4,3%) en in Azië (4,1%); maar minder dan in Afrika (6,8%) en in Amerika (4,9%).

Subregio's. Het vervoer van Oceanië in de jaren 1970 bestond uit: Australazië (94,8%), Melanesië (4,3%), Polynesië (0,76%) en Micronesië (0,11%). Het aandeel van het transport in de economie van subregio's: Melanesië (9,5%), Polynesië (9,2%), Australazië (8,3%) en Micronesië (6,8%). Het vervoer per hoofd van de bevolking in subregio's: Australazië ($514,0), Polynesië ($174,2), Melanesië ($94,4) en Micronesië ($62,1). De groei van het transport in subregio's: Polynesië (5,1%), Australazië (4,9%), Melanesië (4,0%) en Micronesië (2,1%).

Leiders. De toegevoegde waarde van het transport in Oceanië in de jaren 1970 bestond uit: Australië (81,6%), Nieuw-Zeeland (13,2%), Papoea-Nieuw-Guinea (3,4%), Frans-Polynesië (0,64%), Fiji (0,51%). Het aandeel van het transport in economie van de leiders: Papoea-Nieuw-Guinea (11,5%), Frans-Polynesië (9,3%), Nieuw-Zeeland (9,1%), Australië (8,2%) en Fiji (7,6%). De toegevoegde waarde van het transport per hoofd in Oceanië onder de leiders: Australië ($540,3), Frans-Polynesië ($445,7), Nieuw-Zeeland ($395,1), Papoea-Nieuw-Guinea ($98,1) en Fiji ($80,2). De groei van het transport onder de leiders: Fiji (8,0%), Frans-Polynesië (5,6%), Australië (5,1%), Nieuw-Zeeland (3,5%) en Papoea-Nieuw-Guinea (3,1%).

de jaren 1980

Het transport van Oceanië bedroeg in de jaren 1980 US$21,6 miljard per jaar. Het aandeel in de wereld was 1,8%.

Het aandeel van het transport in de economie van Oceanië was 8,9% in de jaren 1980, en was vergelijkbaar met Montserrat (8,9%), België (8,9%), Madagaskar (8,9%).

De toegevoegde waarde van het transport per hoofd in Oceanië was $872,5 in de jaren 1980s, en was vergelijkbaar met Nieuw-Zeeland (US$873,2). De sector van het transport per hoofd in Oceanië was in 3,6 keer hoger dan het transport per hoofd van de bevolking in de wereld ($242,0).

De groei van het transport in Oceanië bedroeg 4.2% in de jaren 1980, en was vergelijkbaar met Swaziland (4,2%), Congo-Brazzaville

(4,2%), Turkije (4,2%). De groei van het transport in Oceanië (4,2%) was groter dan de groei van het transport in de wereld (3,4%).

Vergelijking met regio's. Het transport van Oceanië was minder dan in Amerika (US$473,4 miljard), in Europa (US$379,6 miljard), in Azië (US$246,4 miljard) en in Afrika (US$48,9 miljard). De waarde van het transport per hoofd in Oceanië was groter dan in Amerika (US$714,8), in Europa (US$494,5), in Afrika (US$90,3) en in Azië (US$86,8). De groei van het transport in Oceanië was groter dan in Amerika (3,5%), in Europa (2,8%) en in Afrika (-0,23%); maar minder dan in Azië (5,2%).

Subregio's. De sector van het transport in Oceanië in de jaren 1980 bestond uit: Australazië (96,4%), Melanesië (2,6%), Polynesië (0,91%) en Micronesië (0,086%). Het aandeel van het transport in de economie van subregio's: Polynesië (9,3%), Australazië (9,0%), Melanesië (7,4%) en Micronesië (6,9%). Het transport per hoofd van de bevolking in subregio's: Australazië ($1.105,9), Polynesië ($434,5), Melanesië ($107,8) en Micronesië ($89,7). De groei van het transport in subregio's: Polynesië (4,8%), Australazië (4,2%), Melanesië (2,7%) en Micronesië (-0,54%).

Leiders. Het vervoer van Oceanië in de jaren 1980 bestond uit: Australië (83,2%), Nieuw-Zeeland (13,1%), Papoea-Nieuw-Guinea (1,8%), Frans-Polynesië (0,82%), Fiji (0,50%). Het aandeel van het transport in economie van de leiders: Nieuw-Zeeland (9,7%), Frans-Polynesië (9,3%), Australië (8,9%), Fiji (8,6%) en Papoea-Nieuw-Guinea (7,9%). De waarde van het transport per hoofd in Oceanië onder de leiders: Australië ($1.154,4), Frans-Polynesië ($1.010,2), Nieuw-Zeeland ($873,2), Fiji ($155,1) en Papoea-Nieuw-Guinea ($96,5). De groei van het transport onder de leiders: Frans-Polynesië (5,4%), Fiji (4,5%), Australië (4,4%), Nieuw-Zeeland (3,0%) en Papoea-Nieuw-Guinea (0,77%).

de jaren 1990

Het transport van Oceanië bedroeg in de jaren 1990 US$38,6 miljard per jaar, en was vergelijkbaar met Rusland (US$38,4 miljard). Het aandeel in de wereld was 1,7%.

Het aandeel van het transport in de economie van Oceanië was 9,4% in de jaren 1990, en was vergelijkbaar met Oost-Europa (9,4%), Zuidelijk Afrika (9,4%), de Maldiven (9,4%).

De waarde van het transport per hoofd in Oceanië was $1.336,3 in de jaren 1990s, en was vergelijkbaar met de Turks- en Caicoseilanden (US$1.313,7). De sector van het transport per hoofd in Oceanië was in 3,3 keer hoger dan het transport per hoofd van de bevolking in de wereld ($409,5).

De groei van het transport in Oceanië bedroeg 4.7% in de jaren 1990, en was vergelijkbaar met Noord-Europa (4,6%), Guyana (4,7%), Australazië (4,7%). De groei van het transport in Oceanië (4,7%) was groter dan de groei van het transport in de wereld (4,0%).

Vergelijking met regio's. Het vervoer van Oceanië was minder dan in Amerika (US$851,9 miljard), in Europa (US$784,9 miljard), in Azië (US$614,0 miljard) en in Afrika (US$44,7 miljard). De toegevoegde waarde van het transport per hoofd in Oceanië was groter dan in Amerika (US$1.104,4), in Europa (US$1.080,1), in Azië (US$177,2) en in Afrika (US$63,1). De groei van het transport in Oceanië was groter dan in Afrika (3,3%) en in Europa (2,4%); maar minder dan in Azië (5,4%) en in Amerika (4,7%).

Subregio's. De toegevoegde waarde van het transport in Oceanië in de jaren 1990 bestond uit: Australazië (96,2%), Melanesië (2,7%), Polynesië (1,0%) en Micronesië (0,10%). Het aandeel van het transport in de economie van subregio's: Polynesië (9,6%), Australazië (9,4%), Melanesië (8,4%) en Micronesië (7,8%). Het vervoer per hoofd van de bevolking in subregio's: Australazië ($1.727,0), Polynesië ($776,7), Melanesië ($156,5) en Micronesië ($151,8). De groei van het transport in subregio's: Australazië (4,7%), Melanesië (4,2%), Polynesië (2,4%) en Micronesië (0,19%).

Leiders. De toegevoegde waarde van het transport in Oceanië in de jaren 1990 bestond uit: Australië (83,1%), Nieuw-Zeeland (13,1%), Papoea-Nieuw-Guinea (1,6%), Frans-Polynesië (0,92%), Nieuw-Caledonië (0,52%). Het aandeel van het transport in economie van de leiders: Nieuw-Zeeland (9,9%), Frans-Polynesië (9,7%), Australië (9,3%), Papoea-Nieuw-Guinea (8,9%) en Nieuw-Caledonië (6,5%). De sector van het transport per hoofd in Oceanië onder de leiders: Australië ($1.794,6), Frans-Polynesië ($1.630,0), Nieuw-Zeeland ($1.393,5), Nieuw-Caledonië ($1.058,4) en Papoea-Nieuw-Guinea ($119,2). De groei van het transport onder de leiders: Nieuw-Caledonië (7,1%), Nieuw-Zeeland (5,4%), Australië (4,6%), Papoea-Nieuw-Guinea (2,4%) en Frans-Polynesië (1,9%).

de jaren 2000

De toegevoegde waarde van het transport in Oceanië bedroeg in de jaren 2000 US$66,9 miljard per jaar. Het aandeel in de wereld was 1,7%.

Het aandeel van het transport in de economie van Oceanië was 8,7% in de jaren 2000, en was vergelijkbaar met Iran (8,7%),

Australazië (8,7%), Spanje (8,6%).

De waarde van het transport per hoofd in Oceanië was $2.009,1 in de jaren 2000s, en was vergelijkbaar met Spanje (US$1.963,8), de Bahama's (US$2,1 duizend). De toegevoegde waarde van het transport per hoofd in Oceanië was in 3,2 keer hoger dan het transport per hoofd van de bevolking in de wereld ($621,1).

De groei van het transport in Oceanië bedroeg 3.7% in de jaren 2000, en was vergelijkbaar met Bolivia (3,7%). De groei van het transport in Oceanië (3,7%) was minder dan de groei van het transport in de wereld (3,9%).

Vergelijking met regio's. De toegevoegde waarde van het transport in Oceanië was minder dan in Amerika (US$1,5 biljoen), in Europa (US$1,4 biljoen), in Azië (US$1,0 biljoen) en in Afrika (US$90,0 miljard). De toegevoegde waarde van het transport per hoofd in Oceanië was groter dan in Europa (US$1.850,1), in Amerika (US$1.687,7), in Azië (US$264,8) en in Afrika (US$99,3). De groei van het transport in Oceanië was groter dan in Amerika (3,2%) en in Europa (3,1%); maar minder dan in Afrika (7,8%) en in Azië (5,4%).

Subregio's. Het vervoer van Oceanië in de jaren 2000 bestond uit: Australazië (97,4%), Melanesië (1,6%), Polynesië (0,85%) en Micronesië (0,088%). Het aandeel van het transport in de economie van subregio's: Polynesië (10,0%), Micronesië (8,9%), Australazië (8,7%) en Melanesië (6,8%). Het transport per hoofd van de bevolking in subregio's: Australazië ($2.685,7), Polynesië ($1.003,6), Micronesië ($209,0) en Melanesië ($134,0). De groei van het transport in subregio's: Australazië (3,8%), Polynesië (2,1%), Melanesië (1,5%) en Micronesië (0,016%).

Leiders. De waarde van het transport in Oceanië in de jaren 2000 bestond uit: Australië (86,0%), Nieuw-Zeeland (11,4%), Frans-Polynesië (0,72%), Nieuw-Caledonië (0,61%), Fiji (0,48%). Het aandeel van het transport in economie van de leiders: Fiji (13,0%), Frans-Polynesië (9,9%), Australië (8,8%), Nieuw-Zeeland (8,5%) en Nieuw-Caledonië (7,3%). Het vervoer per hoofd in Oceanië onder de leiders: Australië ($2.851,8), Frans-Polynesië ($1.876,1), Nieuw-Zeeland ($1.867,7), Nieuw-Caledonië ($1.751,6) en Fiji ($384,9). De groei van het transport onder de leiders: Australië (3,9%), Nieuw-Zeeland (3,2%), Nieuw-Caledonië (3,0%), Frans-Polynesië (1,6%) en Fiji (1,0%).

de jaren 2010

De waarde van het transport in Oceanië bedroeg in de jaren 2010 US$120,4 miljard per jaar, en was vergelijkbaar met Canada (US$119,6 miljard), Rusland (US$122,2 miljard). Het aandeel in de wereld was 1,9%.

Het aandeel van het transport in de economie van Oceanië was 7,8% in de jaren 2010, en was vergelijkbaar met Thailand (7,8%), Zambia (7,8%), Australië (7,8%).

De sector van het transport per hoofd in Oceanië was $3.066,3 in de jaren 2010s, en was vergelijkbaar met Cyprus (US$3,0 duizend). Het vervoer per hoofd in Oceanië was in 3,5 keer hoger dan het transport per hoofd van de bevolking in de wereld ($864,8).

De groei van het transport in Oceanië bedroeg 2.3% in de jaren 2010, en was vergelijkbaar met Liechtenstein (2,3%), Grenada (2,3%). De groei van het transport in Oceanië (2,3%) was minder dan de groei van het transport in de wereld (4,0%).

Vergelijking met regio's. Het vervoer van Oceanië was 19,3 keer minder dan in Amerika (US$2,3 biljoen), 15,8 keer minder dan in Azië (US$1,9 biljoen), 15,0 keer minder dan in Europa (US$1,8 biljoen) en 40,7% minder dan in Afrika (US$202,9 miljard). De waarde van het transport per hoofd in Oceanië was 26,6% groter dan in Europa (US$2,4 duizend), 28,7% groter dan in Amerika (US$2,4 duizend), 7,1 keer groter dan in Azië (US$430,2) en 17,7 keer groter dan in Afrika (US$173,7). De groei van het transport in Oceanië was minder dan in Azië (4,7%), in Amerika (4,7%), in Afrika (3,8%) en in Europa (2,6%).

Subregio's. Het vervoer van Oceanië in de jaren 2010 bestond uit: Australazië (97,5%), Melanesië (1,8%), Polynesië (0,63%) en Micronesië (0,083%). Het aandeel van het transport in de economie van subregio's: Polynesië (11,2%), Micronesië (9,6%), Australazië (7,8%) en Melanesië (6,1%). Het transport per hoofd van de bevolking in subregio's: Australazië ($4.144,7), Polynesië ($1.271,6), Micronesië ($327,4) en Melanesië ($214,0). De groei van het transport in subregio's: Micronesië (6,7%), Melanesië (4,1%), Polynesië (2,9%) en Australazië (2,3%).

Leiders. De sector van het transport in Oceanië in de jaren 2010 bestond uit: Australië (86,4%), Nieuw-Zeeland (11,2%), Papoea-Nieuw-Guinea (0,72%), Nieuw-Caledonië (0,54%), Frans-Polynesië (0,50%). Het aandeel van het transport in economie van de leiders: Frans-Polynesië (11,4%), Nieuw-Zeeland (7,8%), Australië (7,8%), Nieuw-Caledonië (7,2%) en Papoea-Nieuw-Guinea (4,3%). Het vervoer per hoofd in Oceanië onder de leiders: Australië ($4.379,8), Nieuw-Zeeland ($2.928,0), Nieuw-Caledonië ($2.406,4), Frans-Polynesië ($2.224,8) en Papoea-Nieuw-Guinea ($108,5). De groei van het transport onder de leiders: Papoea-Nieuw-Guinea

(4,8%), Nieuw-Zeeland (4,0%), Frans-Polynesië (3,2%), Nieuw-Caledonië (2,8%) en Australië (2,1%).

Hoofdstuk VIII. Handel

Groothandel, detailhandel, restaurants en hotels (ISIC G-H)

De handel van Oceanië steeg van US$12,7 miljard per jaar in de jaren 1970 tot US$178,6 miljard per jaar in de jaren 2010, dat wil zeggen met US$165,9 miljard of 14,0 keer. De verandering vond plaats op US$142,0 miljard als gevolg van een 4,9-voudige stijging van de prijzen, en ook op US$13,2 miljard als gevolg van een 1,6-voudige toename van de productiviteit , evenals op US$10,7 miljard als gevolg van de toename van de bevolking. De gemiddelde jaarlijkse groei van de handel is 2,5%. De minimumwaarde van de handel bedroeg US$6,1 miljard in 1970. De maximumwaarde van de handel bedroeg US$202,3 miljard in 2012.

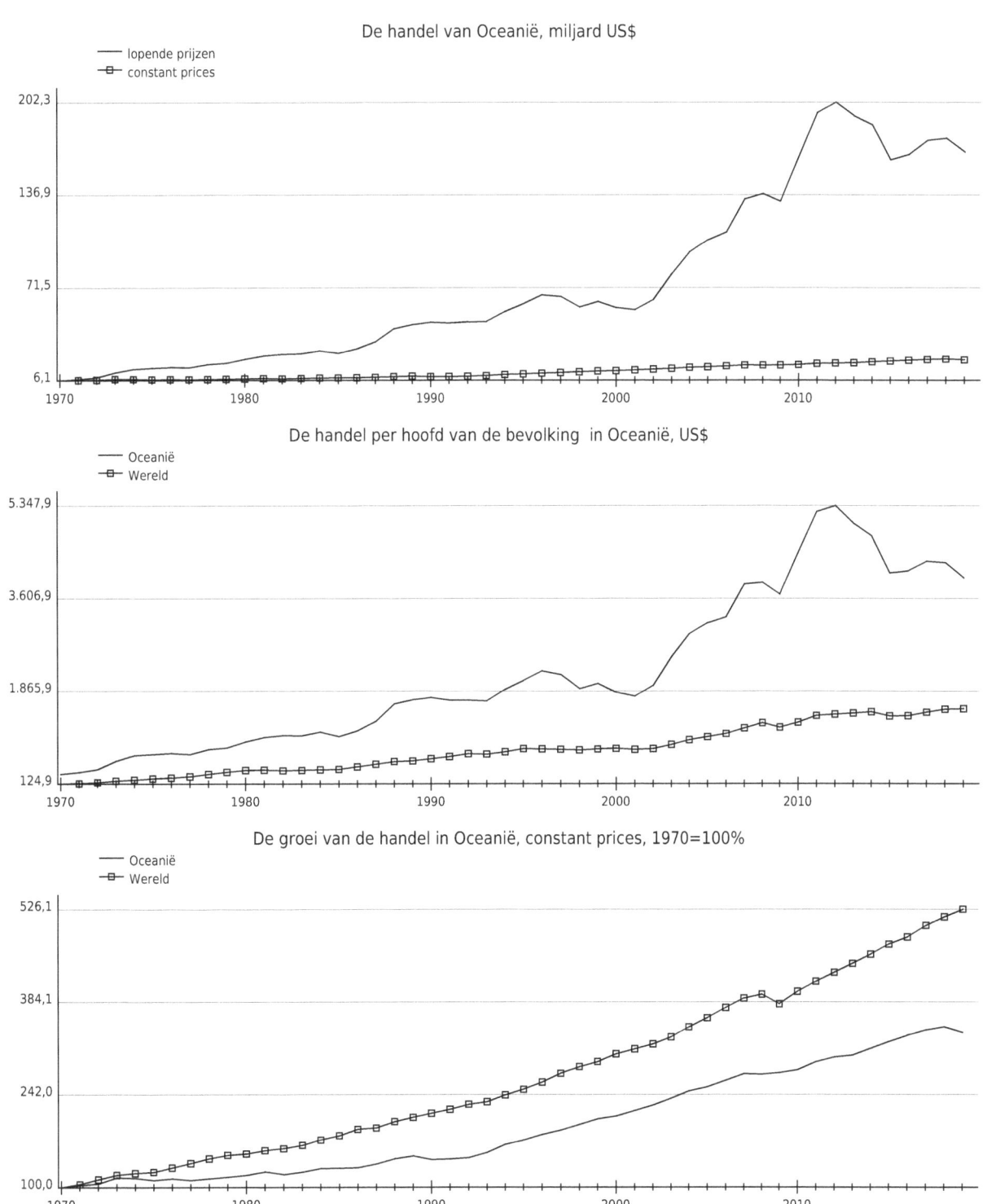

De handel van Oceanië, miljard US$

De handel per hoofd van de bevolking in Oceanië, US$

De groei van de handel in Oceanië, constant prices, 1970=100%

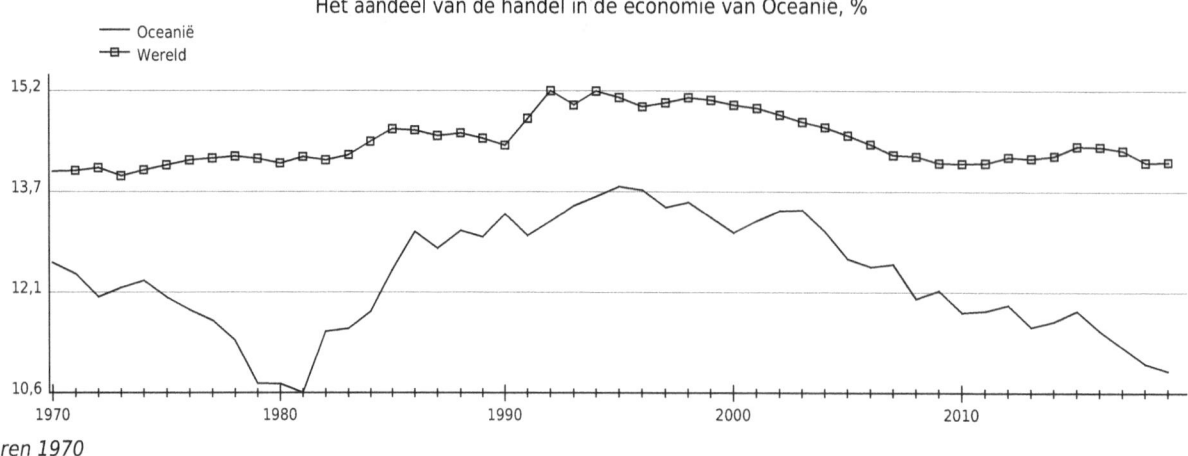

Het aandeel van de handel in de economie van Oceanië, %

de jaren 1970

De waarde van de handel in Oceanië bedroeg in de jaren 1970 US$12,7 miljard per jaar, en was vergelijkbaar met Brazilië (US$13,0 miljard). Het aandeel in de wereld was 1,4%.

Het aandeel van de handel in de economie van Oceanië was 11,8% in de jaren 1970, en was vergelijkbaar met Bahrein (11,8%), Noord-Afrika (11,9%), Trinidad en Tobago (11,7%).

De waarde van de handel per hoofd in Oceanië was $597,4 in de jaren 1970s, en was vergelijkbaar met Finland (US$603,5), Nieuw-Zeeland (US$610,5), het Verenigd Koninkrijk (US$584,0). De waarde van de handel per hoofd in Oceanië was in 2,7 keer hoger dan de handel per hoofd van de bevolking in de wereld ($221,0).

De groei van de handel in Oceanië bedroeg 1.6% in de jaren 1970, en was vergelijkbaar met Australazië (1,6%). De groei van de handel in Oceanië (1,6%) was minder dan de groei van de handel in de wereld (4,5%).

Vergelijking met regio's. De waarde van de handel in Oceanië was minder dan in Amerika (US$366,6 miljard), in Europa (US$326,5 miljard), in Azië (US$156,4 miljard) en in Afrika (US$30,3 miljard). De waarde van de handel per hoofd in Oceanië was groter dan in Europa (US$450,1), in Afrika (US$73,8) en in Azië (US$67,4); maar minder dan in Amerika (US$654,8). De groei van de handel in Oceanië was minder dan in Azië (7,7%), in Afrika (4,6%), in Amerika (4,4%) en in Europa (3,6%).

Subregio's. De toegevoegde waarde van de handel in Oceanië in de jaren 1970 bestond uit: Australazië (92,3%), Melanesië (6,6%), Polynesië (0,88%) en Micronesië (0,17%). Het aandeel van de handel in de economie van subregio's: Melanesië (20,8%), Polynesië (14,9%), Micronesië (14,4%) en Australazië (11,4%). De handel per hoofd van de bevolking in subregio's: Australazië ($705,3), Polynesië ($283,6), Melanesië ($206,7) en Micronesië ($131,2). De groei van de handel in subregio's: Polynesië (5,7%), Micronesië (2,2%), Australazië (1,6%) en Melanesië (1,2%).

Leiders. De waarde van de handel in Oceanië in de jaren 1970 bestond uit: Australië (77,8%), Nieuw-Zeeland (14,5%), Papoea-Nieuw-Guinea (5,0%), Nieuw-Caledonië (1,2%), Frans-Polynesië (0,71%). Het aandeel van de handel in economie van de leiders: Papoea-Nieuw-Guinea (23,9%), Nieuw-Caledonië (21,6%), Frans-Polynesië (14,6%), Nieuw-Zeeland (14,1%) en Australië (11,0%). De toegevoegde waarde van de handel per hoofd in Oceanië onder de leiders: Nieuw-Caledonië ($1.177,7), Australië ($726,3), Frans-Polynesië ($702,4), Nieuw-Zeeland ($610,5) en Papoea-Nieuw-Guinea ($203,8). De groei van de handel onder de leiders: Frans-Polynesië (6,3%), Papoea-Nieuw-Guinea (3,1%), Australië (1,9%), Nieuw-Zeeland (0,18%) en Nieuw-Caledonië (-3,8%).

de jaren 1980

De toegevoegde waarde van de handel in Oceanië bedroeg in de jaren 1980 US$29,6 miljard per jaar. Het aandeel in de wereld was 1,4%.

Het aandeel van de handel in de economie van Oceanië was 12,2% in de jaren 1980, en was vergelijkbaar met Chili (12,2%).

De waarde van de handel per hoofd in Oceanië was $1.193,9 in de jaren 1980s, en was vergelijkbaar met Nieuw-Zeeland (US$1.212,9), Zuid-Europa (US$1.171,5), Griekenland (US$1.216,5). De sector van de handel per hoofd in Oceanië was in 2,7 keer hoger dan de handel per hoofd van de bevolking in de wereld ($437,7).

De groei van de handel in Oceanië bedroeg 2.5% in de jaren 1980, en was vergelijkbaar met Australazië (2,5%), Roemenië (2,5%). De groei van de handel in Oceanië (2,5%) was minder dan de groei van de handel in de wereld (3,3%).

Vergelijking met regio's. De waarde van de handel in Oceanië was minder dan in Amerika (US$839,7 miljard), in Europa (US$707,2 miljard), in Azië (US$473,2 miljard) en in Afrika (US$66,0 miljard). De handel per hoofd in Oceanië was groter dan in Europa (US$921,4), in Azië (US$166,8) en in Afrika (US$121,8); maar minder dan in Amerika (US$1.268,0). De groei van de handel in Oceanië was groter dan in Europa (1,9%); maar minder dan in Azië (5,8%), in Amerika (3,5%) en in Afrika (2,7%).

Subregio's. De handel van Oceanië in de jaren 1980 bestond uit: Australazië (94,0%), Melanesië (4,8%), Polynesië (1,1%) en Micronesië (0,14%). Het aandeel van de handel in de economie van subregio's: Melanesië (18,4%), Micronesië (15,8%), Polynesië (14,9%) en Australazië (12,0%). De handel per hoofd van de bevolking in subregio's: Australazië ($1.476,2), Polynesië ($696,8), Melanesië ($267,6) en Micronesië ($206,5). De groei van de handel in subregio's: Polynesië (3,7%), Melanesië (2,7%), Australazië (2,5%) en Micronesië (2,0%).

Leiders. De toegevoegde waarde van de handel in Oceanië in de jaren 1980 bestond uit: Australië (80,7%), Nieuw-Zeeland (13,3%), Papoea-Nieuw-Guinea (3,3%), Nieuw-Caledonië (1,0%), Frans-Polynesië (0,94%). Het aandeel van de handel in economie van de leiders: Nieuw-Caledonië (23,9%), Papoea-Nieuw-Guinea (19,7%), Frans-Polynesië (14,7%), Nieuw-Zeeland (13,4%) en Australië (11,7%). De toegevoegde waarde van de handel per hoofd in Oceanië onder de leiders: Nieuw-Caledonië ($1.921,1), Frans-Polynesië ($1.592,2), Australië ($1.531,2), Nieuw-Zeeland ($1.212,9) en Papoea-Nieuw-Guinea ($241,1). De groei van de handel onder de leiders: Nieuw-Caledonië (4,9%), Frans-Polynesië (4,9%), Australië (2,7%), Papoea-Nieuw-Guinea (1,5%) en Nieuw-Zeeland (0,99%).

de jaren 1990

De handel van Oceanië bedroeg in de jaren 1990 US$55,4 miljard per jaar. Het aandeel in de wereld was 1,3%.

Het aandeel van de handel in de economie van Oceanië was 13,5% in de jaren 1990, en was vergelijkbaar met Dominica (13,5%), Noord-Europa (13,5%), West-Europa (13,5%).

De handel per hoofd in Oceanië was $1.916,7 in de jaren 1990s, en was vergelijkbaar met Amerika (US$1.943,2). De sector van de handel per hoofd in Oceanië was in 2,7 keer hoger dan de handel per hoofd van de bevolking in de wereld ($721,8).

De groei van de handel in Oceanië bedroeg 3.3% in de jaren 1990, en was vergelijkbaar met Benin (3,3%), Samoa (3,3%), Tuvalu (3,3%). De groei van de handel in Oceanië (3,3%) was minder dan de groei van de handel in de wereld (3,5%).

Vergelijking met regio's. De waarde van de handel in Oceanië was minder dan in Amerika (US$1,5 biljoen), in Europa (US$1,3 biljoen), in Azië (US$1,2 biljoen) en in Afrika (US$85,2 miljard). De handel per hoofd in Oceanië was groter dan in Europa (US$1.798,1), in Azië (US$337,1) en in Afrika (US$120,3); maar minder dan in Amerika (US$1.943,2). De groei van de handel in Oceanië was groter dan in Afrika (2,8%) en in Europa (2,0%); maar minder dan in Azië (4,9%) en in Amerika (3,8%).

Subregio's. De handel van Oceanië in de jaren 1990 bestond uit: Australazië (94,8%), Melanesië (3,9%), Polynesië (1,1%) en Micronesië (0,16%). Het aandeel van de handel in de economie van subregio's: Micronesië (17,7%), Melanesië (17,6%), Polynesië (15,4%) en Australazië (13,3%). De handel per hoofd van de bevolking in subregio's: Australazië ($2.440,9), Polynesië ($1.241,9), Micronesië ($341,5) en Melanesië ($327,4). De groei van de handel in subregio's: Australazië (3,5%), Polynesië (2,2%), Micronesië (-0,091%) en Melanesië (-1,6%).

Leiders. De toegevoegde waarde van de handel in Oceanië in de jaren 1990 bestond uit: Australië (83,1%), Nieuw-Zeeland (11,7%), Papoea-Nieuw-Guinea (2,3%), Nieuw-Caledonië (1,1%), Frans-Polynesië (1,0%). Het aandeel van de handel in economie van de leiders: Nieuw-Caledonië (19,5%), Papoea-Nieuw-Guinea (18,6%), Frans-Polynesië (15,3%), Australië (13,4%) en Nieuw-Zeeland (12,7%). De handel per hoofd in Oceanië onder de leiders: Nieuw-Caledonië ($3.181,9), Australië ($2.573,7), Frans-Polynesië ($2.569,0), Nieuw-Zeeland ($1.786,1) en Papoea-Nieuw-Guinea ($249,8). De groei van de handel onder de leiders: Australië (3,7%), Nieuw-Zeeland (2,5%), Frans-Polynesië (1,9%), Papoea-Nieuw-Guinea (-2,1%) en Nieuw-Caledonië (-4,2%).

de jaren 2000

De sector van de handel in Oceanië bedroeg in de jaren 2000 US$97,4 miljard per jaar. Het aandeel in de wereld was 1,5%.

Het aandeel van de handel in de economie van Oceanië was 12,7% in de jaren 2000, en was vergelijkbaar met Ivoorkust (12,7%), Australazië (12,6%), Nieuw-Zeeland (12,7%).

De waarde van de handel per hoofd in Oceanië was $2.922,7 in de jaren 2000s, en was vergelijkbaar met Frans-Polynesië (US$2,9 duizend), Portugal (US$2,9 duizend). De handel per hoofd in Oceanië was in 3,0 keer hoger dan de handel per hoofd van de bevolking in de wereld ($990,3).

De groei van de handel in Oceanië bedroeg 3% in de jaren 2000, en was vergelijkbaar met Australazië (3,0%). De groei van de handel in Oceanië (3,0%) was groter dan de groei van de handel in de wereld (2,7%).

Vergelijking met regio's. De toegevoegde waarde van de handel in Oceanië was minder dan in Amerika (US$2,4 biljoen), in Europa (US$2,0 biljoen), in Azië (US$1,7 biljoen) en in Afrika (US$148,7 miljard). De sector van de handel per hoofd in Oceanië was groter dan in Europa (US$2,8 duizend), in Amerika (US$2,8 duizend), in Azië (US$438,7) en in Afrika (US$164,0). De groei van de handel in Oceanië was groter dan in Europa (2,2%) en in Amerika (1,6%); maar minder dan in Afrika (5,9%) en in Azië (4,5%).

Subregio's. De toegevoegde waarde van de handel in Oceanië in de jaren 2000 bestond uit: Australazië (96,6%), Melanesië (2,3%), Polynesië (0,97%) en Micronesië (0,12%). Het aandeel van de handel in de economie van subregio's: Micronesië (17,1%), Polynesië (16,7%), Melanesië (13,8%) en Australazië (12,6%). De handel per hoofd van de bevolking in subregio's: Australazië ($3.875,4), Polynesië ($1.669,0), Micronesië ($400,5) en Melanesië ($271,0). De groei van de handel in subregio's: Melanesië (4,2%), Australazië (3,0%), Polynesië (2,0%) en Micronesië (-0,39%).

Leiders. De sector van de handel in Oceanië in de jaren 2000 bestond uit: Australië (84,8%), Nieuw-Zeeland (11,8%), Papoea-Nieuw-Guinea (1,0%), Frans-Polynesië (0,77%), Nieuw-Caledonië (0,72%). Het aandeel van de handel in economie van de leiders: Frans-Polynesië (15,5%), Papoea-Nieuw-Guinea (13,9%), Nieuw-Zeeland (12,7%), Australië (12,6%) en Nieuw-Caledonië (12,5%). De handel per hoofd in Oceanië onder de leiders: Australië ($4.091,9), Nieuw-Caledonië ($3.011,8), Frans-Polynesië ($2.939,4), Nieuw-Zeeland ($2.809,5) en Papoea-Nieuw-Guinea ($154,9). De groei van de handel onder de leiders: Papoea-Nieuw-Guinea (4,9%), Nieuw-Caledonië (4,0%), Australië (3,1%), Nieuw-Zeeland (2,4%) en Frans-Polynesië (0,68%).

de jaren 2010

De waarde van de handel in Oceanië bedroeg in de jaren 2010 US$178,6 miljard per jaar. Het aandeel in de wereld was 1,7%.

Het aandeel van de handel in de economie van Oceanië was 11,6% in de jaren 2010, en was vergelijkbaar met India (11,5%), Australazië (11,5%), de Kaaimaneilanden (11,6%).

De sector van de handel per hoofd in Oceanië was $4.550,6 in de jaren 2010s, en was vergelijkbaar met Duitsland (US$4,6 duizend), Finland (US$4,6 duizend), Nieuw-Zeeland (US$4,6 duizend). De toegevoegde waarde van de handel per hoofd in Oceanië was in 3,2 keer hoger dan de handel per hoofd van de bevolking in de wereld ($1.436,8).

De groei van de handel in Oceanië bedroeg 2% in de jaren 2010, en was vergelijkbaar met Australazië (2,0%), Europa (2,0%). De groei van de handel in Oceanië (2,0%) was minder dan de groei van de handel in de wereld (3,3%).

Vergelijking met regio's. De handel van Oceanië was 20,7 keer minder dan in Amerika (US$3,7 biljoen), 20,3 keer minder dan in Azië (US$3,6 biljoen), 15,1 keer minder dan in Europa (US$2,7 biljoen) en 47,6% minder dan in Afrika (US$340,8 miljard). De handel per hoofd in Oceanië was 19,7% groter dan in Amerika (US$3,8 duizend), 25,7% groter dan in Europa (US$3,6 duizend), 5,5 keer groter dan in Azië (US$821,1) en 15,6 keer groter dan in Afrika (US$291,7). De groei van de handel in Oceanië was groter dan in Europa (2,0%); maar minder dan in Azië (5,6%), in Afrika (3,4%) en in Amerika (2,1%).

Subregio's. De sector van de handel in Oceanië in de jaren 2010 bestond uit: Australazië (96,6%), Melanesië (2,6%), Polynesië (0,63%) en Micronesië (0,099%). Het aandeel van de handel in de economie van subregio's: Micronesië (17,0%), Polynesië (16,5%), Melanesië (13,5%) en Australazië (11,5%). De handel per hoofd van de bevolking in subregio's: Australazië ($6.095,7), Polynesië ($1.878,6), Micronesië ($579,5) en Melanesië ($471,1). De groei van de handel in subregio's: Micronesië (3,0%), Polynesië (2,1%), Melanesië (2,1%) en Australazië (2,0%).

Leiders. De waarde van de handel in Oceanië in de jaren 2010 bestond uit: Australië (84,7%), Nieuw-Zeeland (11,9%), Papoea-Nieuw-Guinea (1,4%), Nieuw-Caledonië (0,61%), Frans-Polynesië (0,40%). Het aandeel van de handel in economie van de leiders: Frans-Polynesië (13,4%), Papoea-Nieuw-Guinea (12,6%), Nieuw-Zeeland (12,4%), Nieuw-Caledonië (12,1%) en Australië (11,4%). De handel per hoofd in Oceanië onder de leiders: Australië ($6.377,5), Nieuw-Zeeland ($4.637,0), Nieuw-Caledonië ($4.022,9), Frans-Polynesië ($2.615,5) en Papoea-Nieuw-Guinea ($320,4). De groei van de handel onder de leiders: Nieuw-Zeeland (3,6%), Australië (1,8%), Papoea-Nieuw-Guinea (1,7%), Frans-Polynesië (1,4%) en Nieuw-Caledonië (0,88%).

Hoofdstuk IX. Diensten

(ISIC J-P)

De waarde van de diensten in Oceanië steeg van US$39,4 miljard per jaar in de jaren 1970 tot US$794,2 miljard per jaar in de jaren 2010, dat wil zeggen met US$754,8 miljard of 20,2 keer. De verandering vond plaats op US$637,1 miljard als gevolg van een 5,1-voudige stijging van de prijzen, en ook op US$84,6 miljard als gevolg van een 2,2-voudige toename van de productiviteit , evenals op US$33,1 miljard als gevolg van de toename van de bevolking. De gemiddelde jaarlijkse groei van de diensten is 3,5%. De minimumwaarde van de diensten bedroeg US$16,0 miljard in 1970. De maximumwaarde van de diensten bedroeg US$856,5 miljard in 2012.

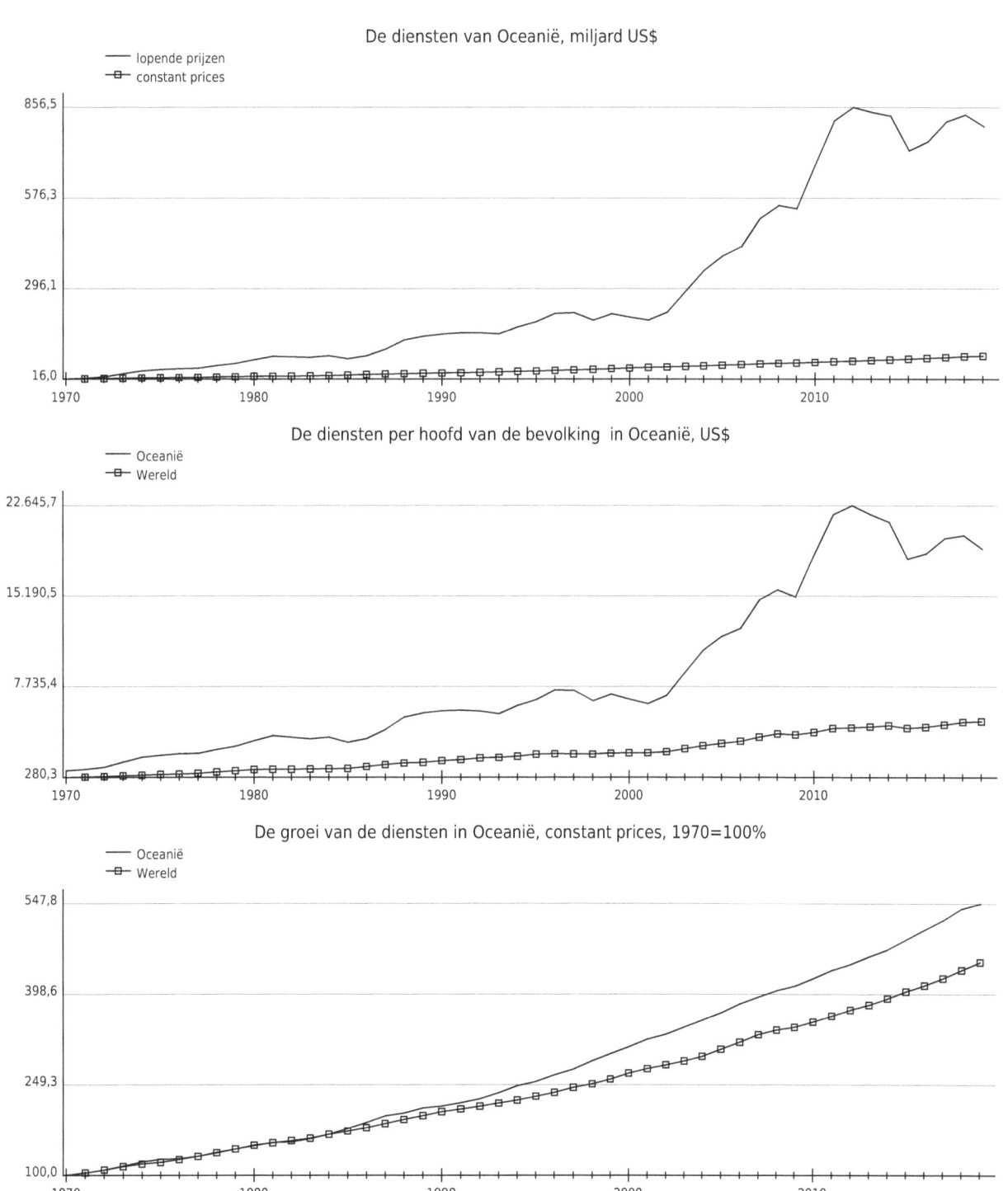

De diensten van Oceanië, miljard US$

De diensten per hoofd van de bevolking in Oceanië, US$

De groei van de diensten in Oceanië, constant prices, 1970=100%

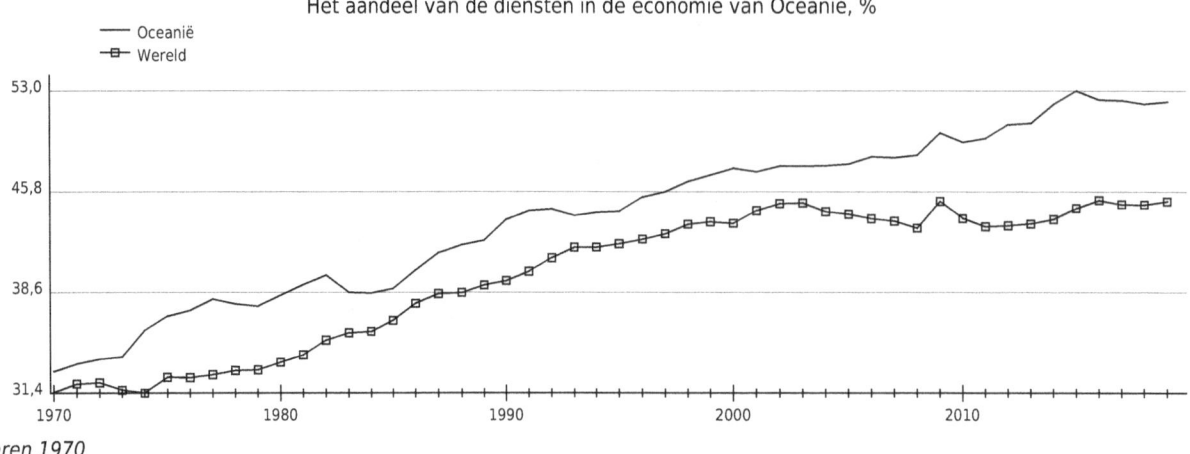

Het aandeel van de diensten in de economie van Oceanië, %

— Oceanië
—□— Wereld

de jaren 1970

De toegevoegde waarde van de diensten in Oceanië bedroeg in de jaren 1970 US$39,4 miljard per jaar. Het aandeel in de wereld was 1,9%.

Het aandeel van de diensten in de economie van Oceanië was 36,4% in de jaren 1970, en was vergelijkbaar met Tunesië (36,5%), Australazië (36,5%), Colombia (36,3%).

De waarde van de diensten per hoofd in Oceanië was $1.847,3 in de jaren 1970s, en was vergelijkbaar met Noord-Europa (US$1.852,3), IJsland (US$1.820,1). De diensten per hoofd in Oceanië waren in 3,6 keer hoger dan de diensten per hoofd van de bevolking in de wereld ($506,9).

De groei van de diensten in Oceanië bedroeg 4% in de jaren 1970, en was vergelijkbaar met Gambia (4,0%), Canada (4,0%), Australazië (4,0%). De groei van de diensten in Oceanië (4,0%) was minder dan de groei van de diensten in de wereld (4,1%).

Vergelijking met regio's. De toegevoegde waarde van de diensten in Oceanië was minder dan in Amerika (US$841,3 miljard), in Europa (US$819,9 miljard), in Azië (US$282,2 miljard) en in Afrika (US$64,0 miljard). De waarde van de diensten per hoofd in Oceanië was groter dan in Amerika (US$1.502,8), in Europa (US$1.130,2), in Afrika (US$156,0) en in Azië (US$121,6). De groei van de diensten in Oceanië was groter dan in Europa (3,7%) en in Amerika (3,7%); maar minder dan in Azië (6,5%) en in Afrika (5,5%).

Subregio's. De sector van de diensten in Oceanië in de jaren 1970 bestond uit: Australazië (95,7%), Melanesië (3,2%), Polynesië (0,94%) en Micronesië (0,13%). Het aandeel van de diensten in de economie van subregio's: Polynesië (49,6%), Australazië (36,5%), Micronesië (33,2%) en Melanesië (31,1%). De diensten per hoofd van de bevolking in subregio's: Australazië ($2.262,0), Polynesië ($944,7), Melanesië ($308,0) en Micronesië ($302,7). De groei van de diensten in subregio's: Polynesië (5,0%), Melanesië (4,7%), Australazië (4,0%) en Micronesië (2,3%).

Leiders. De waarde van de diensten in Oceanië in de jaren 1970 bestond uit: Australië (85,5%), Nieuw-Zeeland (10,2%), Papoea-Nieuw-Guinea (1,9%), Frans-Polynesië (0,85%), Fiji (0,66%). Het aandeel van de diensten in economie van de leiders: Frans-Polynesië (53,9%), Fiji (43,6%), Australië (37,4%), Nieuw-Zeeland (30,7%) en Papoea-Nieuw-Guinea (28,8%). De sector van de diensten per hoofd in Oceanië onder de leiders: Frans-Polynesië ($2.586,2), Australië ($2.468,6), Nieuw-Zeeland ($1.328,1), Fiji ($457,6) en Papoea-Nieuw-Guinea ($245,4). De groei van de diensten onder de leiders: Frans-Polynesië (5,3%), Fiji (5,2%), Australië (4,0%), Nieuw-Zeeland (3,9%) en Papoea-Nieuw-Guinea (3,1%).

de jaren 1980

De diensten van Oceanië bedroegen in de jaren 1980 US$97,5 miljard per jaar, en waren vergelijkbaar met Zuid-Azië (US$99,5 miljard). Het aandeel in de wereld was 1,8%.

Het aandeel van de diensten in de economie van Oceanië was 40,2% in de jaren 1980, en was vergelijkbaar met Australazië (40,1%), Duitsland (39,9%), Melanesië (39,8%).

De sector van de diensten per hoofd in Oceanië was $3.935,7 in de jaren 1980s, en was vergelijkbaar met Koeweit (US$3,9 duizend). De diensten per hoofd in Oceanië waren in 3,5 keer hoger dan de diensten per hoofd van de bevolking in de wereld ($1.115,5).

De groei van de diensten in Oceanië bedroeg 4% in de jaren 1980, en was vergelijkbaar met Lesotho (3,9%), de Comoren (3,9%),

Spanje (4,0%). De groei van de diensten in Oceanië (4,0%) was groter dan de groei van de diensten in de wereld (3,3%).

Vergelijking met regio's. De waarde van de diensten in Oceanië was minder dan in Amerika (US$2,3 biljoen), in Europa (US$1,9 biljoen), in Azië (US$997,1 miljard) en in Afrika (US$127,7 miljard). De toegevoegde waarde van de diensten per hoofd in Oceanië was groter dan in Amerika (US$3,5 duizend), in Europa (US$2,4 duizend), in Azië (US$351,5) en in Afrika (US$235,7). De groei van de diensten in Oceanië was groter dan in Afrika (3,9%), in Europa (3,0%) en in Amerika (2,8%); maar minder dan in Azië (5,3%).

Subregio's. De waarde van de diensten in Oceanië in de jaren 1980 bestond uit: Australazië (95,6%), Melanesië (3,1%), Polynesië (1,1%) en Micronesië (0,11%). Het aandeel van de diensten in de economie van subregio's: Polynesië (51,7%), Micronesië (41,3%), Australazië (40,1%) en Melanesië (39,8%). De diensten per hoofd van de bevolking in subregio's: Australazië ($4.949,6), Polynesië ($2.409,7), Melanesië ($580,7) en Micronesië ($538,7). De groei van de diensten in subregio's: Polynesië (6,0%), Australazië (4,0%), Micronesië (3,0%) en Melanesië (1,5%).

Leiders. De sector van de diensten in Oceanië in de jaren 1980 bestond uit: Australië (84,7%), Nieuw-Zeeland (10,9%), Papoea-Nieuw-Guinea (1,9%), Frans-Polynesië (1,0%), Fiji (0,61%). Het aandeel van de diensten in economie van de leiders: Frans-Polynesië (54,2%), Fiji (47,7%), Australië (40,6%), Papoea-Nieuw-Guinea (37,8%) en Nieuw-Zeeland (36,2%). De toegevoegde waarde van de diensten per hoofd in Oceanië onder de leiders: Frans-Polynesië ($5.862,5), Australië ($5.300,4), Nieuw-Zeeland ($3.267,9), Fiji ($856,8) en Papoea-Nieuw-Guinea ($461,8). De groei van de diensten onder de leiders: Frans-Polynesië (6,4%), Australië (4,3%), Nieuw-Zeeland (2,1%), Fiji (1,1%) en Papoea-Nieuw-Guinea (0,13%).

de jaren 1990

De waarde van de diensten in Oceanië bedroeg in de jaren 1990 US$185,7 miljard per jaar. Het aandeel in de wereld was 1,6%.

Het aandeel van de diensten in de economie van Oceanië was 45,1% in de jaren 1990, en was vergelijkbaar met Micronesië (45,0%), Australazië (45,3%), Zuid-Amerika (44,9%).

De diensten per hoofd in Oceanië waren $6.423,5 in de jaren 1990s, en waren vergelijkbaar met Ierland (US$6,4 duizend). De sector van de diensten per hoofd in Oceanië was in 3,2 keer hoger dan de diensten per hoofd van de bevolking in de wereld ($2.014,6).

De groei van de diensten in Oceanië bedroeg 3.6% in de jaren 1990, en was vergelijkbaar met Marokko (3,6%), Australazië (3,6%). De groei van de diensten in Oceanië (3,6%) was groter dan de groei van de diensten in de wereld (2,7%).

Vergelijking met regio's. De sector van de diensten in Oceanië was groter dan in Afrika (US$154,3 miljard); maar minder dan in Amerika (US$4,8 biljoen), in Europa (US$3,8 biljoen) en in Azië (US$2,5 biljoen). De sector van de diensten per hoofd in Oceanië was groter dan in Amerika (US$6,2 duizend), in Europa (US$5,3 duizend), in Azië (US$732,9) en in Afrika (US$217,8). De groei van de diensten in Oceanië was groter dan in Afrika (2,6%), in Amerika (2,4%) en in Europa (2,1%); maar minder dan in Azië (4,5%).

Subregio's. De waarde van de diensten in Oceanië in de jaren 1990 bestond uit: Australazië (96,2%), Melanesië (2,4%), Polynesië (1,2%) en Micronesië (0,12%). Het aandeel van de diensten in de economie van subregio's: Polynesië (53,9%), Australazië (45,3%), Micronesië (45,0%) en Melanesië (36,8%). De diensten per hoofd van de bevolking in subregio's: Australazië ($8.306,6), Polynesië ($4.337,4), Micronesië ($870,1) en Melanesië ($684,2). De groei van de diensten in subregio's: Australazië (3,6%), Melanesië (3,4%), Polynesië (2,0%) en Micronesië (0,75%).

Leiders. De sector van de diensten in Oceanië in de jaren 1990 bestond uit: Australië (84,4%), Nieuw-Zeeland (11,9%), Papoea-Nieuw-Guinea (1,1%), Frans-Polynesië (1,1%), Nieuw-Caledonië (0,82%). Het aandeel van de diensten in economie van de leiders: Frans-Polynesië (56,2%), Nieuw-Caledonië (49,2%), Australië (45,6%), Nieuw-Zeeland (43,1%) en Papoea-Nieuw-Guinea (29,9%). De sector van de diensten per hoofd in Oceanië onder de leiders: Frans-Polynesië ($9.458,8), Australië ($8.760,8), Nieuw-Caledonië ($8.007,5), Nieuw-Zeeland ($6.067,1) en Papoea-Nieuw-Guinea ($400,6). De groei van de diensten onder de leiders: Nieuw-Caledonië (5,2%), Australië (3,8%), Papoea-Nieuw-Guinea (2,9%), Nieuw-Zeeland (2,7%) en Frans-Polynesië (1,9%).

de jaren 2000

De toegevoegde waarde van de diensten in Oceanië bedroeg in de jaren 2000 US$370,5 miljard per jaar. Het aandeel in de wereld was 1,9%.

Het aandeel van de diensten in de economie van Oceanië was 48,2% in de jaren 2000, en was vergelijkbaar met Denemarken (48,1%), Australazië (48,4%), Australië (48,5%).

De diensten per hoofd in Oceanië waren $11.122,0 in de jaren 2000s, en waren vergelijkbaar met Sint Maarten (US$11,1 duizend), Aruba (US$11,2 duizend), Frans-Polynesië (US$11,0 duizend). De toegevoegde waarde van de diensten per hoofd in Oceanië was in 3,7 keer hoger dan de diensten per hoofd van de bevolking in de wereld ($3.011,2).

De groei van de diensten in Oceanië bedroeg 3.2% in de jaren 2000, en was vergelijkbaar met Australië (3,2%), Malawi (3,2%), Australazië (3,2%). De groei van de diensten in Oceanië (3,2%) was groter dan de groei van de diensten in de wereld (2,9%).

Vergelijking met regio's. De waarde van de diensten in Oceanië was groter dan in Afrika (US$284,9 miljard); maar minder dan in Amerika (US$8,3 biljoen), in Europa (US$6,4 biljoen) en in Azië (US$4,2 biljoen). De toegevoegde waarde van de diensten per hoofd in Oceanië was groter dan in Amerika (US$9,4 duizend), in Europa (US$8,8 duizend), in Azië (US$1.071,6) en in Afrika (US$314,3). De groei van de diensten in Oceanië was groter dan in Amerika (2,2%) en in Europa (2,0%); maar minder dan in Azië (5,5%) en in Afrika (5,1%).

Subregio's. De toegevoegde waarde van de diensten in Oceanië in de jaren 2000 bestond uit: Australazië (97,4%), Melanesië (1,6%), Polynesië (0,84%) en Micronesië (0,083%). Het aandeel van de diensten in de economie van subregio's: Polynesië (54,8%), Australazië (48,4%), Micronesië (46,8%) en Melanesië (37,9%). De diensten per hoofd van de bevolking in subregio's: Australazië ($14.869,1), Polynesië ($5.495,1), Micronesië ($1.093,7) en Melanesië ($743,8). De groei van de diensten in subregio's: Australazië (3,2%), Polynesië (2,6%), Melanesië (2,2%) en Micronesië (0,90%).

Leiders. De diensten van Oceanië in de jaren 2000 bestonden uit: Australië (85,8%), Nieuw-Zeeland (11,7%), Nieuw-Caledonië (0,78%), Frans-Polynesië (0,76%), Papoea-Nieuw-Guinea (0,52%). Het aandeel van de diensten in economie van de leiders: Frans-Polynesië (58,2%), Nieuw-Caledonië (51,2%), Australië (48,5%), Nieuw-Zeeland (47,8%) en Papoea-Nieuw-Guinea (26,8%). De toegevoegde waarde van de diensten per hoofd in Oceanië onder de leiders: Australië ($15.748,1), Nieuw-Caledonië ($12.296,2), Frans-Polynesië ($11.013,7), Nieuw-Zeeland ($10.541,6) en Papoea-Nieuw-Guinea ($299,2). De groei van de diensten onder de leiders: Nieuw-Zeeland (3,3%), Nieuw-Caledonië (3,3%), Australië (3,2%), Frans-Polynesië (2,5%) en Papoea-Nieuw-Guinea (1,5%).

de jaren 2010

De toegevoegde waarde van de diensten in Oceanië bedroeg in de jaren 2010 US$794,2 miljard per jaar, en was vergelijkbaar met Australazië (US$777,2 miljard). Het aandeel in de wereld was 2,4%.

Het aandeel van de diensten in de economie van Oceanië was 51,4% in de jaren 2010, en was vergelijkbaar met West-Europa (51,2%), Canada (51,1%), Griekenland (51,7%).

De sector van de diensten per hoofd in Oceanië was $20.232,3 in de jaren 2010s, en was vergelijkbaar met Frankrijk (US$20,2 duizend), Andorra (US$20,1 duizend), het Verenigd Koninkrijk (US$20,7 duizend). De sector van de diensten per hoofd in Oceanië was in 4,5 keer hoger dan de diensten per hoofd van de bevolking in de wereld ($4.467,8).

De groei van de diensten in Oceanië bedroeg 2.9% in de jaren 2010, en was vergelijkbaar met Centraal-Amerika (2,9%), Australazië (2,9%), Australië (2,9%). De groei van de diensten in Oceanië (2,9%) was groter dan de groei van de diensten in de wereld (2,7%).

Vergelijking met regio's. De diensten van Oceanië waren 28,7% groter dan in Afrika (US$617,1 miljard); maar 16,2 keer minder dan in Amerika (US$12,8 biljoen), 11,9 keer minder dan in Azië (US$9,4 biljoen) en 11,4 keer minder dan in Europa (US$9,1 biljoen). De toegevoegde waarde van de diensten per hoofd in Oceanië was 53,5% groter dan in Amerika (US$13,2 duizend), 65,7% groter dan in Europa (US$12,2 duizend), 9,5 keer groter dan in Azië (US$2,1 duizend) en 38,3 keer groter dan in Afrika (US$528,2). De groei van de diensten in Oceanië was groter dan in Amerika (1,8%) en in Europa (1,3%); maar minder dan in Azië (5,4%) en in Afrika (3,4%).

Subregio's. De toegevoegde waarde van de diensten in Oceanië in de jaren 2010 bestond uit: Australazië (97,9%), Melanesië (1,6%), Polynesië (0,47%) en Micronesië (0,056%). Het aandeel van de diensten in de economie van subregio's: Polynesië (54,5%), Australazië (51,7%), Micronesië (42,8%) en Melanesië (36,8%). De diensten per hoofd van de bevolking in subregio's: Australazië ($27.447,4), Polynesië ($6.208,3), Micronesië ($1.456,0) en Melanesië ($1.281,5). De groei van de diensten in subregio's: Melanesië (4,1%), Australazië (2,9%), Micronesië (2,0%) en Polynesië (0,50%).

Leiders. De diensten van Oceanië in de jaren 2010 bestonden uit: Australië (86,9%), Nieuw-Zeeland (11,0%), Papoea-Nieuw-Guinea (0,76%), Nieuw-Caledonië (0,60%), Frans-Polynesië (0,40%). Het aandeel van de diensten in economie van de leiders: Frans-Polynesië (59,9%), Nieuw-Caledonië (53,4%), Australië (51,8%), Nieuw-Zeeland (50,9%) en Papoea-Nieuw-Guinea (29,7%). De waarde van de diensten per hoofd in Oceanië onder de leiders: Australië ($29.083,3), Nieuw-Zeeland ($18.978,9), Nieuw-Caledonië ($17.826,4),

Frans-Polynesië ($11.674,6) en Papoea-Nieuw-Guinea ($753,7). De groei van de diensten onder de leiders: Papoea-Nieuw-Guinea (5,0%), Nieuw-Caledonië (3,1%), Australië (2,9%), Nieuw-Zeeland (2,7%) en Frans-Polynesië (0,34%).

Part III. Externe betrekkingen

Netto-uitvoer in BBP, %

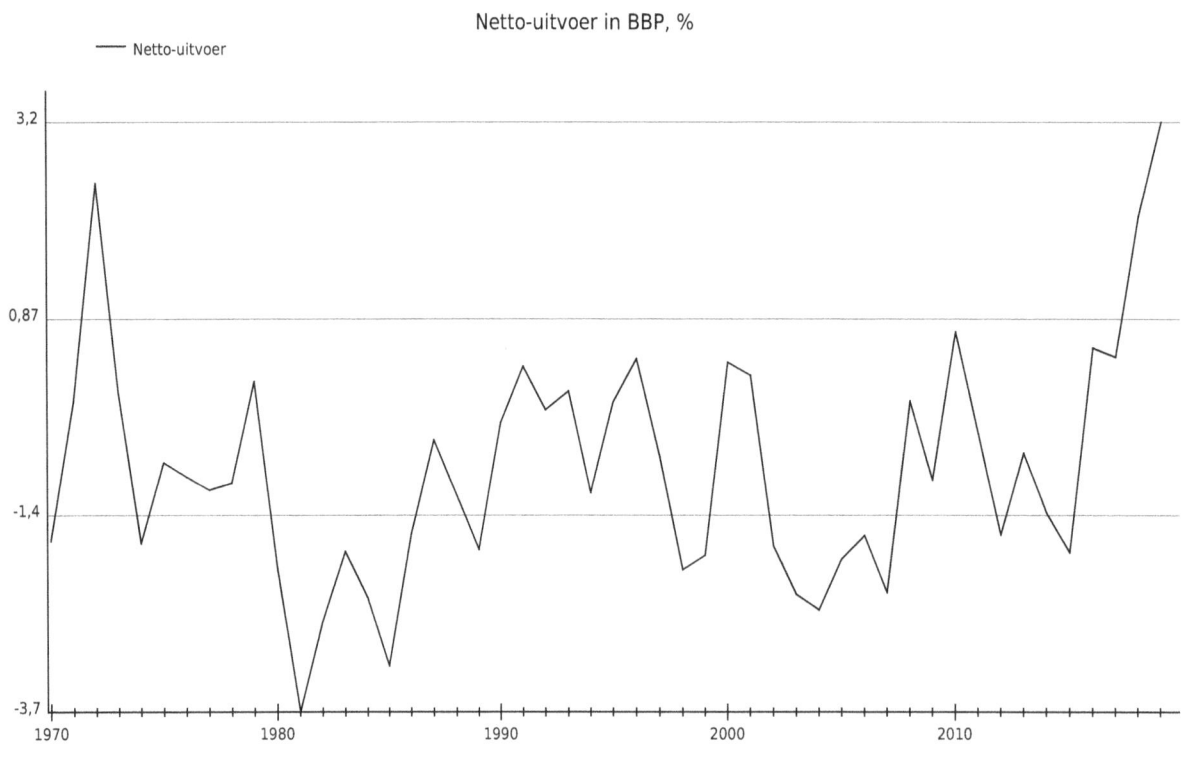

Hoofdstuk X. Uitvoer

Uitvoer van goederen en diensten

De uitvoer van Oceanië steeg van US$18,8 miljard per jaar in de jaren 1970 tot US$376,8 miljard per jaar in de jaren 2010, dat wil zeggen met US$358,0 miljard of 20,0 keer. De verandering vond plaats op US$257,8 miljard als gevolg van een 3,2-voudige stijging van de prijzen, en ook op US$84,3 miljard als gevolg van een 3,4-voudige toename van het tarief per hoofd , evenals op US$15,8 miljard als gevolg van de toename van de bevolking. De gemiddelde jaarlijkse groei van de export is 4,6%. De minimumwaarde van de export bedroeg US$7,8 miljard in 1970. De maximumwaarde van de export bedroeg US$431,4 miljard in 2018.

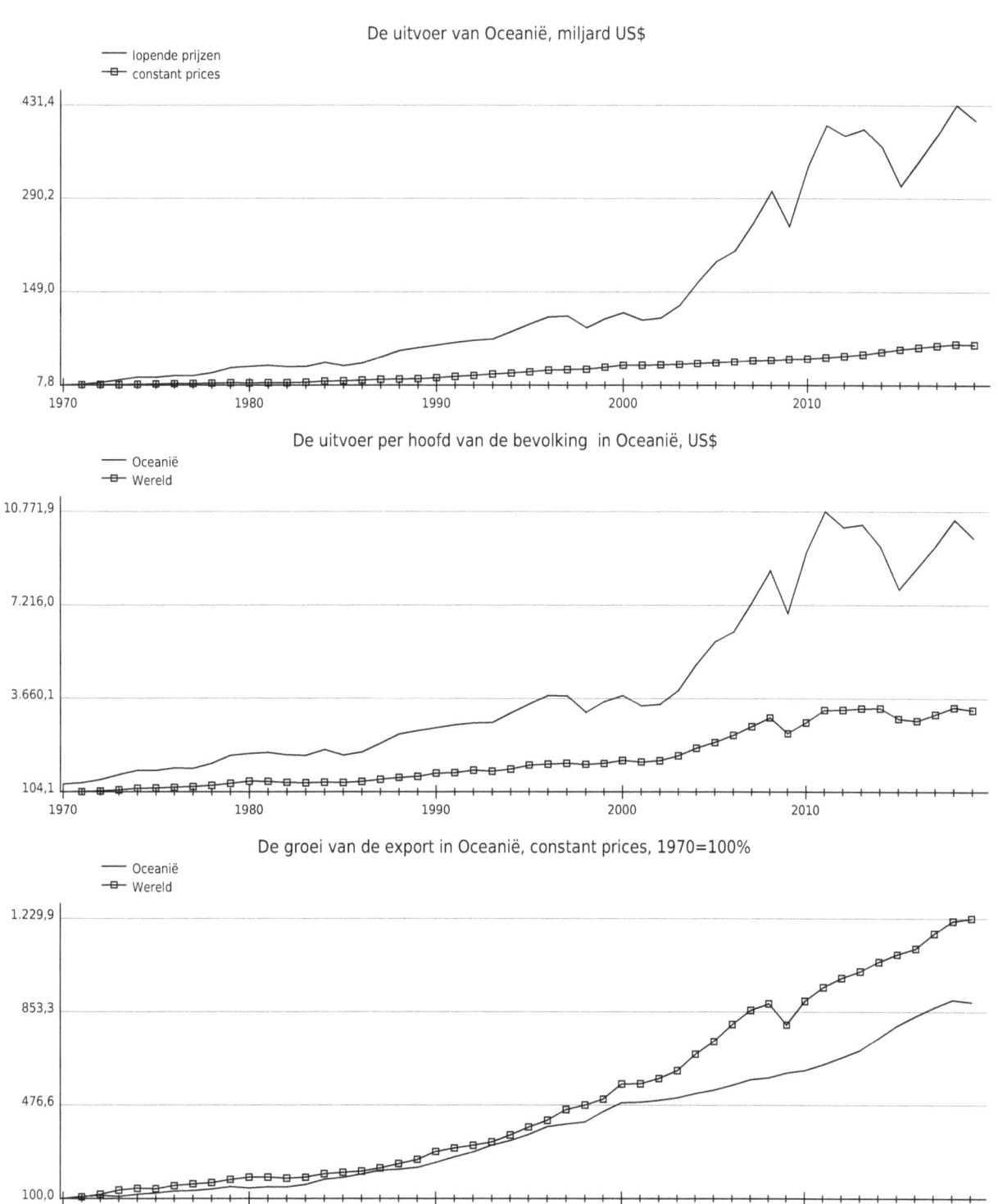

De uitvoer van Oceanië, miljard US$

De uitvoer per hoofd van de bevolking in Oceanië, US$

De groei van de export in Oceanië, constant prices, 1970=100%

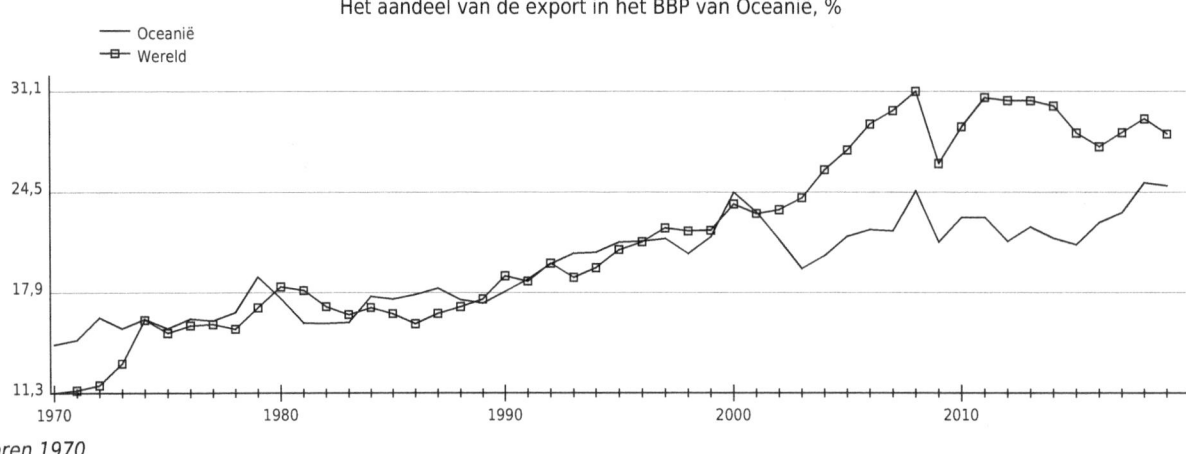

Het aandeel van de export in het BBP van Oceanië, %

de jaren 1970

De waarde van de export in Oceanië bedroeg in de jaren 1970 US$18,8 miljard per jaar, en was vergelijkbaar met Zweden (US$19,1 miljard). Het aandeel in de wereld was 1,9%.

Het aandeel van de export in het BBP van Oceanië was 16,3% in de jaren 1970, en was vergelijkbaar met Ecuador (16,3%).

De uitvoer per hoofd in Oceanië was $882,5 in de jaren 1970s, en was vergelijkbaar met Barbados (US$866,3). De uitvoer per hoofd in Oceanië was in 3,6 keer hoger dan de export per hoofd van de bevolking in de wereld ($242,1).

De groei van de export in Oceanië bedroeg 4.4% in de jaren 1970. De groei van de export in Oceanië (4,4%) was minder dan de groei van de export in de wereld (6,5%).

Vergelijking met regio's. De uitvoer van Oceanië was minder dan in Europa (US$469,2 miljard), in Amerika (US$222,4 miljard), in Azië (US$210,9 miljard) en in Afrika (US$56,2 miljard). De waarde van de export per hoofd in Oceanië was groter dan in Europa (US$646,7), in Amerika (US$397,2), in Afrika (US$137,0) en in Azië (US$90,8). De groei van de export in Oceanië was minder dan in Azië (7,9%), in Amerika (6,4%), in Europa (6,1%) en in Afrika (5,7%).

Subregio's. De uitvoer van Oceanië in de jaren 1970 bestond uit: Australazië (90,7%), Melanesië (8,1%), Polynesië (0,89%) en Micronesië (0,35%). Het aandeel van de export in het BBP van subregio's: Micronesië (42,9%), Melanesië (40,8%), Polynesië (20,5%) en Australazië (15,5%). De uitvoer per hoofd van de bevolking in subregio's: Australazië ($1.023,8), Polynesië ($423,3), Micronesië ($400,6) en Melanesië ($370,8). De groei van de export in subregio's: Melanesië (6,1%), Australazië (4,3%), Micronesië (3,5%) en Polynesië (-0,32%).

Leiders. De waarde van de export in Oceanië in de jaren 1970 bestond uit: Australië (73,1%), Nieuw-Zeeland (17,6%), Papoea-Nieuw-Guinea (4,9%), Nieuw-Caledonië (1,4%), Fiji (1,4%), en andere (1,6%). Het aandeel van de export in BBP van de leiders: Fiji (45,3%), Papoea-Nieuw-Guinea (39,9%), Nieuw-Caledonië (39,4%), Nieuw-Zeeland (24,9%) en Australië (14,2%). De uitvoer per hoofd in Oceanië onder de leiders: Nieuw-Caledonië ($2.142,6), Nieuw-Zeeland ($1.098,0), Australië ($1.007,4), Fiji ($454,2) en Papoea-Nieuw-Guinea ($298,5). De groei van de export onder de leiders: Papoea-Nieuw-Guinea (10,8%), Fiji (4,9%), Australië (4,4%), Nieuw-Zeeland (3,8%) en Nieuw-Caledonië (-1,9%).

de jaren 1980

De waarde van de export in Oceanië bedroeg in de jaren 1980 US$44,1 miljard per jaar, en was vergelijkbaar met Centraal-Amerika (US$43,9 miljard), Spanje (US$44,3 miljard), Zweden (US$44,5 miljard). Het aandeel in de wereld was 1,7%.

Het aandeel van de export in het BBP van Oceanië was 17,1% in de jaren 1980, en was vergelijkbaar met de Wereld (17,0%).

De waarde van de export per hoofd in Oceanië was $1.779,0 in de jaren 1980s, en was vergelijkbaar met Japan (US$1.736,5). De uitvoer per hoofd in Oceanië was in 3,4 keer hoger dan de export per hoofd van de bevolking in de wereld ($529,9).

De groei van de export in Oceanië bedroeg 4.3% in de jaren 1980, en was vergelijkbaar met Puerto Rico (4,3%), Noord-Korea (4,4%). De groei van de export in Oceanië (4,3%) was groter dan de groei van de export in de wereld (3,8%).

Vergelijking met regio's. De uitvoer van Oceanië was minder dan in Europa (US$1,2 biljoen), in Azië (US$649,8 miljard), in Amerika (US$590,0 miljard) en in Afrika (US$109,1 miljard). De uitvoer per hoofd in Oceanië was groter dan in Europa (US$1.521,7), in

Amerika (US$890,9), in Azië (US$229,0) en in Afrika (US$201,4). De groei van de export in Oceanië was groter dan in Azië (4,1%), in Europa (4,0%) en in Afrika (-0,87%); maar minder dan in Amerika (5,1%).

Subregio's. De uitvoer van Oceanië in de jaren 1980 bestond uit: Australazië (92,1%), Melanesië (6,7%), Polynesië (1,1%) en Micronesië (0,14%). Het aandeel van de export in het BBP van subregio's: Melanesië (41,4%), Micronesië (22,5%), Polynesië (20,5%) en Australazië (16,4%). De uitvoer per hoofd van de bevolking in subregio's: Australazië ($2.154,5), Polynesië ($1.046,5), Melanesië ($559,7) en Micronesië ($294,5). De groei van de export in subregio's: Polynesië (5,9%), Australazië (4,5%), Melanesië (2,8%) en Micronesië (-5,4%).

Leiders. De waarde van de export in Oceanië in de jaren 1980 bestond uit: Australië (73,0%), Nieuw-Zeeland (19,1%), Papoea-Nieuw-Guinea (4,2%), Fiji (1,3%), Frans-Polynesië (0,89%), en andere (1,5%). Het aandeel van de export in BBP van de leiders: Fiji (47,8%), Papoea-Nieuw-Guinea (42,5%), Nieuw-Zeeland (27,5%), Frans-Polynesië (18,8%) en Australië (14,8%). De uitvoer per hoofd in Oceanië onder de leiders: Nieuw-Zeeland ($2.588,0), Frans-Polynesië ($2.234,9), Australië ($2.064,1), Fiji ($822,1) en Papoea-Nieuw-Guinea ($463,9). De groei van de export onder de leiders: Frans-Polynesië (7,4%), Australië (4,8%), Nieuw-Zeeland (3,6%), Fiji (3,4%) en Papoea-Nieuw-Guinea (3,0%).

de jaren 1990

De waarde van de export in Oceanië bedroeg in de jaren 1990 US$91,1 miljard per jaar. Het aandeel in de wereld was 1,6%.

Het aandeel van de export in het BBP van Oceanië was 20,4% in de jaren 1990, en was vergelijkbaar met Oost-Timor (20,4%), de Wereld (20,5%), Eritrea (20,5%).

De waarde van de export per hoofd in Oceanië was $3.150,8 in de jaren 1990s, en was vergelijkbaar met Spanje (US$3,1 duizend), Zuid-Europa (US$3,2 duizend), Saint Kitts en Nevis (US$3,1 duizend). De waarde van de export per hoofd in Oceanië was in 3,1 keer hoger dan de export per hoofd van de bevolking in de wereld ($1.029,5).

De groei van de export in Oceanië bedroeg 7.2% in de jaren 1990, en was vergelijkbaar met de Verenigde Staten (7,2%), de Kaaimaneilanden (7,2%), Centraal-Afrika (7,3%). De groei van de export in Oceanië (7,2%) was groter dan de groei van de export in de wereld (6,9%).

Vergelijking met regio's. De waarde van de export in Oceanië was minder dan in Europa (US$2,8 biljoen), in Azië (US$1,6 biljoen), in Amerika (US$1,3 biljoen) en in Afrika (US$143,2 miljard). De uitvoer per hoofd in Oceanië was groter dan in Amerika (US$1.662,5), in Azië (US$456,7) en in Afrika (US$202,1); maar minder dan in Europa (US$3,8 duizend). De groei van de export in Oceanië was groter dan in Europa (6,5%) en in Afrika (2,5%); maar minder dan in Azië (8,1%) en in Amerika (7,3%).

Subregio's. De uitvoer van Oceanië in de jaren 1990 bestond uit: Australazië (92,8%), Melanesië (6,0%), Polynesië (1,2%) en Micronesië (0,10%). Het aandeel van de export in het BBP van subregio's: Melanesië (44,7%), Polynesië (23,3%), Australazië (19,7%) en Micronesië (18,2%). De uitvoer per hoofd van de bevolking in subregio's: Australazië ($3.927,7), Polynesië ($2.057,0), Melanesië ($820,7) en Micronesië ($358,1). De groei van de export in subregio's: Australazië (7,5%), Polynesië (4,9%), Melanesië (3,7%) en Micronesië (-2,6%).

Leiders. De uitvoer van Oceanië in de jaren 1990 bestond uit: Australië (75,0%), Nieuw-Zeeland (17,8%), Papoea-Nieuw-Guinea (3,9%), Fiji (1,1%), Frans-Polynesië (0,99%), en andere (1,2%). Het aandeel van de export in BBP van de leiders: Fiji (58,1%), Papoea-Nieuw-Guinea (53,3%), Nieuw-Zeeland (29,5%), Frans-Polynesië (22,4%) en Australië (18,3%). De waarde van de export per hoofd in Oceanië onder de leiders: Nieuw-Zeeland ($4.463,6), Frans-Polynesië ($4.139,7), Australië ($3.819,0), Fiji ($1.330,2) en Papoea-Nieuw-Guinea ($687,8). De groei van de export onder de leiders: Australië (7,9%), Nieuw-Zeeland (6,2%), Frans-Polynesië (5,7%), Papoea-Nieuw-Guinea (5,4%) en Fiji (2,8%).

de jaren 2000

De uitvoer van Oceanië bedroeg in de jaren 2000 US$183,2 miljard per jaar. Het aandeel in de wereld was 1,5%.

Het aandeel van de export in het BBP van Oceanië was 22,0% in de jaren 2000.

De waarde van de export per hoofd in Oceanië was $5.498,6 in de jaren 2000s, en was vergelijkbaar met Nieuw-Caledonië (US$5,5 duizend), Libië (US$5,4 duizend). De waarde van de export per hoofd in Oceanië was in 2,8 keer hoger dan de export per hoofd van de bevolking in de wereld ($1.933,7).

De groei van de export in Oceanië bedroeg 3% in de jaren 2000. De groei van de export in Oceanië (3,0%) was minder dan de groei van de export in de wereld (4,8%).

Vergelijking met regio's. De uitvoer van Oceanië was minder dan in Europa (US$5,6 biljoen), in Azië (US$4,0 biljoen), in Amerika (US$2,4 biljoen) en in Afrika (US$361,2 miljard). De waarde van de export per hoofd in Oceanië was groter dan in Amerika (US$2,8 duizend), in Azië (US$1.011,8) en in Afrika (US$398,4); maar minder dan in Europa (US$7,6 duizend). De groei van de export in Oceanië was groter dan in Amerika (2,9%); maar minder dan in Azië (7,5%), in Afrika (5,3%) en in Europa (3,8%).

Subregio's. De waarde van de export in Oceanië in de jaren 2000 bestond uit: Australazië (94,6%), Melanesië (4,6%), Polynesië (0,77%) en Micronesië (0,10%). Het aandeel van de export in het BBP van subregio's: Melanesië (48,9%), Micronesië (27,3%), Polynesië (22,7%) en Australazië (21,4%). De uitvoer per hoofd van de bevolking in subregio's: Australazië ($7.134,6), Polynesië ($2.514,4), Melanesië ($1.019,4) en Micronesië ($673,6). De groei van de export in subregio's: Micronesië (6,3%), Australazië (3,1%), Melanesië (2,4%) en Polynesië (-1,7%).

Leiders. De uitvoer van Oceanië in de jaren 2000 bestond uit: Australië (78,3%), Nieuw-Zeeland (16,3%), Papoea-Nieuw-Guinea (2,9%), Fiji (0,76%), Nieuw-Caledonië (0,70%), en andere (1,1%). Het aandeel van de export in BBP van de leiders: Papoea-Nieuw-Guinea (70,8%), Fiji (53,4%), Nieuw-Zeeland (30,5%), Nieuw-Caledonië (21,0%) en Australië (20,2%). De waarde van de export per hoofd in Oceanië onder de leiders: Nieuw-Zeeland ($7.262,8), Australië ($7.108,5), Nieuw-Caledonië ($5.462,8), Fiji ($1.694,0) en Papoea-Nieuw-Guinea ($822,7). De groei van de export onder de leiders: Australië (3,1%), Papoea-Nieuw-Guinea (3,1%), Nieuw-Zeeland (3,1%), Nieuw-Caledonië (1,4%) en Fiji (-0,69%).

de jaren 2010

De waarde van de export in Oceanië bedroeg in de jaren 2010 US$376,8 miljard per jaar. Het aandeel in de wereld was 1,7%.

Het aandeel van de export in het BBP van Oceanië was 22,7% in de jaren 2010.

De waarde van de export per hoofd in Oceanië was $9.599,0 in de jaren 2010s, en was vergelijkbaar met Equatoriaal-Guinea (US$9,6 duizend), Saoedi-Arabië (US$9,8 duizend), Spanje (US$9,4 duizend). De waarde van de export per hoofd in Oceanië was in 3,1 keer hoger dan de export per hoofd van de bevolking in de wereld ($3.098,9).

De groei van de export in Oceanië bedroeg 3.9% in de jaren 2010, en was vergelijkbaar met Israël (3,9%), IJsland (3,9%), Liechtenstein (3,9%). De groei van de export in Oceanië (3,9%) was minder dan de groei van de export in de wereld (4,4%).

Vergelijking met regio's. De uitvoer van Oceanië was 23,8 keer minder dan in Europa (US$9,0 biljoen), 23,0 keer minder dan in Azië (US$8,7 biljoen), 10,9 keer minder dan in Amerika (US$4,1 biljoen) en 39,6% minder dan in Afrika (US$624,2 miljard). De waarde van de export per hoofd in Oceanië was 2,3 keer groter dan in Amerika (US$4,2 duizend), 4,9 keer groter dan in Azië (US$1.964,3) en 18,0 keer groter dan in Afrika (US$534,3); maar 20,5% minder dan in Europa (US$12,1 duizend). De groei van de export in Oceanië was groter dan in Amerika (3,6%) en in Afrika (-1,2%); maar minder dan in Azië (5,3%) en in Europa (4,4%).

Subregio's. De waarde van de export in Oceanië in de jaren 2010 bestond uit: Australazië (95,1%), Melanesië (4,3%), Polynesië (0,46%) en Micronesië (0,095%). Het aandeel van de export in het BBP van subregio's: Melanesië (43,6%), Micronesië (33,1%), Polynesië (23,3%) en Australazië (22,2%). De uitvoer per hoofd van de bevolking in subregio's: Australazië ($12.656,5), Polynesië ($2.919,7), Melanesië ($1.626,0) en Micronesië ($1.176,5). De groei van de export in subregio's: Australazië (4,0%), Melanesië (3,7%), Micronesië (2,7%) en Polynesië (2,5%).

Leiders. De waarde van de export in Oceanië in de jaren 2010 bestond uit: Australië (81,1%), Nieuw-Zeeland (14,0%), Papoea-Nieuw-Guinea (3,0%), Fiji (0,63%), Nieuw-Caledonië (0,47%). Het aandeel van de export in BBP van de leiders: Papoea-Nieuw-Guinea (52,8%), Fiji (51,7%), Nieuw-Zeeland (28,3%), Australië (21,4%) en Nieuw-Caledonië (18,1%). De uitvoer per hoofd in Oceanië onder de leiders: Australië ($12.870,8), Nieuw-Zeeland ($11.547,3), Nieuw-Caledonië ($6.569,6), Fiji ($2.726,5) en Papoea-Nieuw-Guinea ($1.395,6). De groei van de export onder de leiders: Australië (4,2%), Nieuw-Caledonië (3,9%), Papoea-Nieuw-Guinea (3,5%), Fiji (3,4%) en Nieuw-Zeeland (2,9%).

Hoofdstuk XI. Invoer

Invoer van goederen en diensten

De invoer van Oceanië steeg van US$19,5 miljard per jaar in de jaren 1970 tot US$375,7 miljard per jaar in de jaren 2010, dat wil zeggen met US$356,2 miljard of 19,3 keer. De verandering vond plaats op US$200,3 miljard als gevolg van een 2,1-voudige stijging van de prijzen, en ook op US$139,5 miljard als gevolg van een 4,9-voudige toename van het tarief per hoofd , evenals op US$16,4 miljard als gevolg van de toename van de bevolking. De gemiddelde jaarlijkse groei van de invoer is 5,5%. De minimumwaarde van de invoer bedroeg US$8,7 miljard in 1970. De maximumwaarde van de invoer bedroeg US$414,7 miljard in 2012.

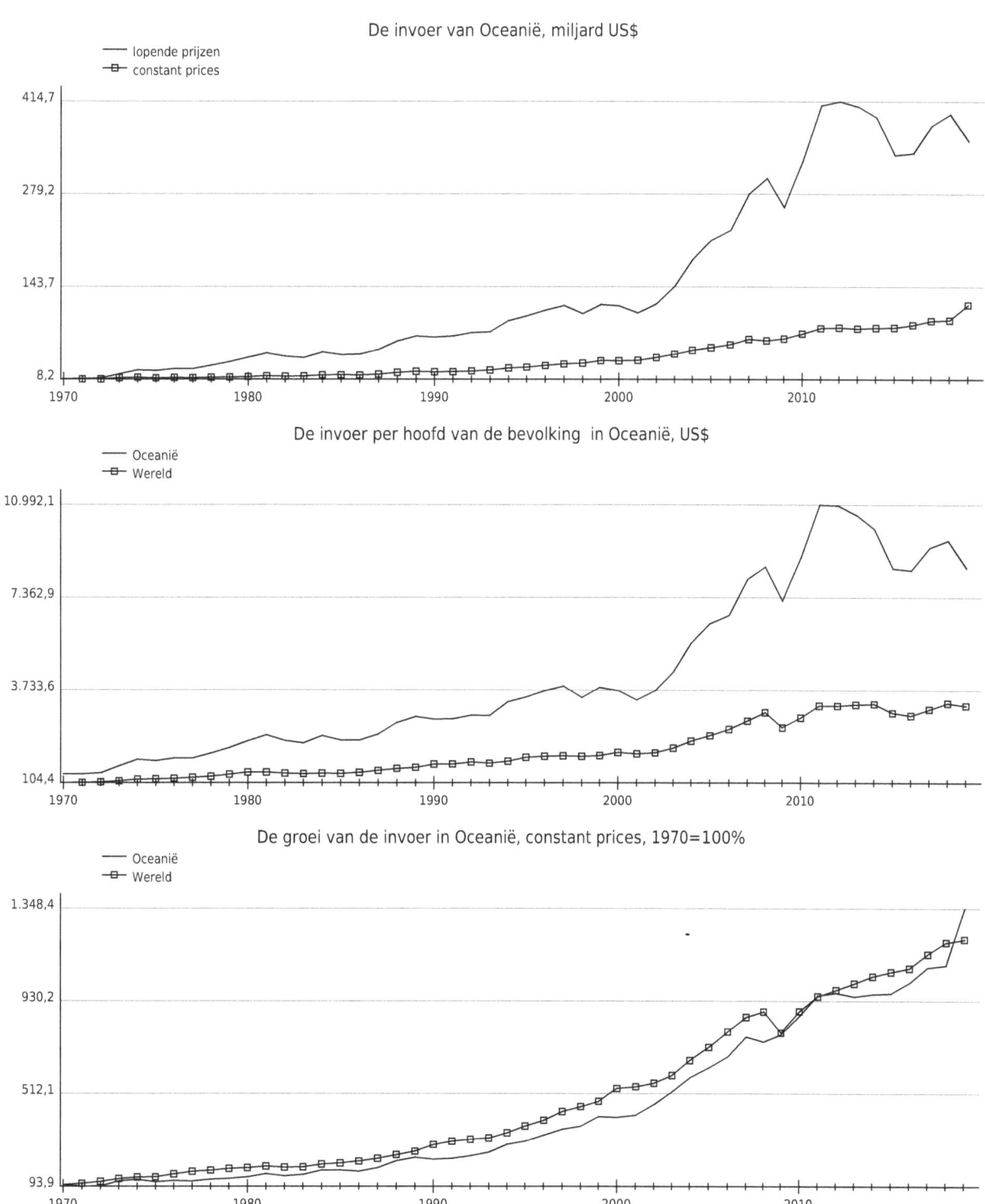

De invoer van Oceanië, miljard US$

De invoer per hoofd van de bevolking in Oceanië, US$

De groei van de invoer in Oceanië, constant prices, 1970=100%

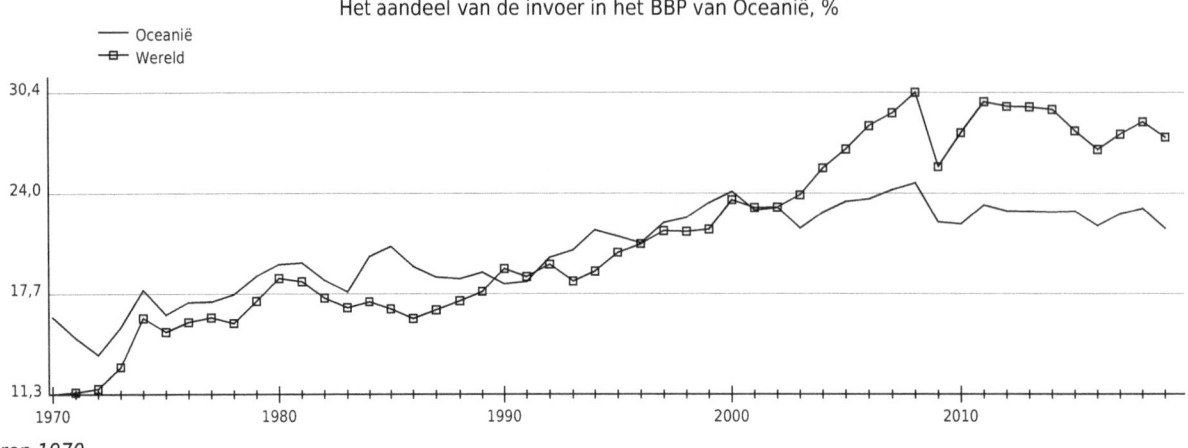

Het aandeel van de invoer in het BBP van Oceanië, %

de jaren 1970

De invoer van Oceanië bedroeg in de jaren 1970 US$19,5 miljard per jaar, en was vergelijkbaar met Noord-Afrika (US$19,8 miljard), Zweden (US$19,1 miljard). Het aandeel in de wereld was 2,0%.

Het aandeel van de invoer in het BBP van Oceanië was 16,9% in de jaren 1970, en was vergelijkbaar met Brunei (16,8%).

De invoer per hoofd in Oceanië was $913,9 in de jaren 1970s, en was vergelijkbaar met de Cookeilanden (US$916,2), Polynesië (US$917,2), de Seychellen (US$904,5). De waarde van de invoer per hoofd in Oceanië was in 3,7 keer hoger dan de invoer per hoofd van de bevolking in de wereld ($244,3).

De groei van de invoer in Oceanië bedroeg 2.8% in de jaren 1970. De groei van de invoer in Oceanië (2,8%) was minder dan de groei van de invoer in de wereld (6,3%).

Vergelijking met regio's. De invoer van Oceanië was minder dan in Europa (US$487,7 miljard), in Amerika (US$236,1 miljard), in Azië (US$184,9 miljard) en in Afrika (US$58,5 miljard). De invoer per hoofd in Oceanië was groter dan in Europa (US$672,3), in Amerika (US$421,7), in Afrika (US$142,6) en in Azië (US$79,6). De groei van de invoer in Oceanië was minder dan in Azië (9,6%), in Afrika (6,7%), in Amerika (5,4%) en in Europa (5,4%).

Subregio's. De invoer van Oceanië in de jaren 1970 bestond uit: Australazië (89,6%), Melanesië (8,1%), Polynesië (1,9%) en Micronesië (0,44%). Het aandeel van de invoer in het BBP van subregio's: Micronesië (56,6%), Polynesië (44,4%), Melanesië (42,2%) en Australazië (15,8%). De invoer per hoofd van de bevolking in subregio's: Australazië ($1.047,8), Polynesië ($917,2), Micronesië ($529,2) en Melanesië ($383,9). De groei van de invoer in subregio's: Micronesië (5,0%), Australazië (3,2%), Polynesië (1,7%) en Melanesië (0,084%).

Leiders. De invoer van Oceanië in de jaren 1970 bestond uit: Australië (70,9%), Nieuw-Zeeland (18,7%), Papoea-Nieuw-Guinea (4,8%), Nieuw-Caledonië (1,5%), Fiji (1,4%), en andere (2,7%). Het aandeel van de invoer in BBP van de leiders: Fiji (47,6%), Nieuw-Caledonië (42,2%), Papoea-Nieuw-Guinea (40,1%), Nieuw-Zeeland (27,3%) en Australië (14,2%). De waarde van de invoer per hoofd in Oceanië onder de leiders: Nieuw-Caledonië ($2.294,8), Nieuw-Zeeland ($1.207,3), Australië ($1.012,5), Fiji ($477,0) en Papoea-Nieuw-Guinea ($300,2). De groei van de invoer onder de leiders: Fiji (7,7%), Australië (3,3%), Nieuw-Zeeland (3,1%), Papoea-Nieuw-Guinea (-0,29%) en Nieuw-Caledonië (-4,4%).

de jaren 1980

De invoer van Oceanië bedroeg in de jaren 1980 US$49,3 miljard per jaar, en was vergelijkbaar met Spanje (US$48,5 miljard). Het aandeel in de wereld was 1,9%.

Het aandeel van de invoer in het BBP van Oceanië was 19,1% in de jaren 1980, en was vergelijkbaar met Iran (19,1%), Albanië (19,1%), Andorra (19,3%).

De waarde van de invoer per hoofd in Oceanië was $1.987,8 in de jaren 1980s, en was vergelijkbaar met Gabon (US$1.943,8). De waarde van de invoer per hoofd in Oceanië was in 3,7 keer hoger dan de invoer per hoofd van de bevolking in de wereld ($539,1).

De groei van de invoer in Oceanië bedroeg 5.7% in de jaren 1980. De groei van de invoer in Oceanië (5,7%) was groter dan de groei van de invoer in de wereld (3,8%).

Vergelijking met regio's. De waarde van de invoer in Oceanië was minder dan in Europa (US$1,2 biljoen), in Amerika (US$652,3 miljard), in Azië (US$601,2 miljard) en in Afrika (US$112,7 miljard). De invoer per hoofd in Oceanië was groter dan in Europa (US$1.550,8), in Amerika (US$984,9), in Azië (US$211,9) en in Afrika (US$208,0). De groei van de invoer in Oceanië was groter dan in Azië (4,9%), in Europa (4,1%), in Amerika (3,8%) en in Afrika (-3,1%).

Subregio's. De invoer van Oceanië in de jaren 1980 bestond uit: Australazië (91,0%), Melanesië (6,9%), Polynesië (1,7%) en Micronesië (0,49%). Het aandeel van de invoer in het BBP van subregio's: Micronesië (88,0%), Melanesië (47,3%), Polynesië (35,6%) en Australazië (18,1%). De invoer per hoofd van de bevolking in subregio's: Australazië ($2.378,7), Polynesië ($1.818,6), Micronesië ($1.154,3) en Melanesië ($639,7). De groei van de invoer in subregio's: Australazië (6,2%), Micronesië (4,0%), Polynesië (2,5%) en Melanesië (2,5%).

Leiders. De invoer van Oceanië in de jaren 1980 bestond uit: Australië (73,9%), Nieuw-Zeeland (17,1%), Papoea-Nieuw-Guinea (4,4%), Frans-Polynesië (1,3%), Fiji (1,1%), en andere (2,2%). Het aandeel van de invoer in BBP van de leiders: Papoea-Nieuw-Guinea (48,7%), Fiji (46,9%), Frans-Polynesië (31,6%), Nieuw-Zeeland (27,5%) en Australië (16,8%). De waarde van de invoer per hoofd in Oceanië onder de leiders: Frans-Polynesië ($3.741,6), Nieuw-Zeeland ($2.588,3), Australië ($2.335,0), Fiji ($805,8) en Papoea-Nieuw-Guinea ($532,2). De groei van de invoer onder de leiders: Australië (6,8%), Fiji (4,3%), Nieuw-Zeeland (4,2%), Frans-Polynesië (2,7%) en Papoea-Nieuw-Guinea (0,31%).

de jaren 1990

De invoer van Oceanië bedroeg in de jaren 1990 US$93,8 miljard per jaar, en was vergelijkbaar met Mexico (US$95,3 miljard). Het aandeel in de wereld was 1,6%.

Het aandeel van de invoer in het BBP van Oceanië was 21,0% in de jaren 1990, en was vergelijkbaar met Madagaskar (21,1%), Mexico (21,2%), Congo-Kinshasa (20,9%).

De waarde van de invoer per hoofd in Oceanië was $3.244,3 in de jaren 1990s, en was vergelijkbaar met Zuid-Europa (US$3,3 duizend), Maleisië (US$3,2 duizend), de Verenigde Staten (US$3,3 duizend). De waarde van de invoer per hoofd in Oceanië was in 3,2 keer hoger dan de invoer per hoofd van de bevolking in de wereld ($1.015,5).

De groei van de invoer in Oceanië bedroeg 6.2% in de jaren 1990, en was vergelijkbaar met de Seychellen (6,2%), Bolivia (6,2%), Andorra (6,2%). De groei van de invoer in Oceanië (6,2%) was minder dan de groei van de invoer in de wereld (6,6%).

Vergelijking met regio's. De invoer van Oceanië was minder dan in Europa (US$2,7 biljoen), in Azië (US$1,5 biljoen), in Amerika (US$1,4 biljoen) en in Afrika (US$149,7 miljard). De invoer per hoofd in Oceanië was groter dan in Amerika (US$1.812,7), in Azië (US$430,1) en in Afrika (US$211,4); maar minder dan in Europa (US$3,7 duizend). De groei van de invoer in Oceanië was groter dan in Europa (5,9%) en in Afrika (3,8%); maar minder dan in Amerika (8,2%) en in Azië (6,8%).

Subregio's. De invoer van Oceanië in de jaren 1990 bestond uit: Australazië (92,4%), Melanesië (5,8%), Polynesië (1,3%) en Micronesië (0,41%). Het aandeel van de invoer in het BBP van subregio's: Micronesië (75,3%), Melanesië (45,0%), Polynesië (27,8%) en Australazië (20,2%). De invoer per hoofd van de bevolking in subregio's: Australazië ($4.028,4), Polynesië ($2.457,9), Micronesië ($1.478,5) en Melanesië ($826,6). De groei van de invoer in subregio's: Australazië (6,6%), Melanesië (3,0%), Polynesië (1,0%) en Micronesië (-2,0%).

Leiders. De invoer van Oceanië in de jaren 1990 bestond uit: Australië (76,3%), Nieuw-Zeeland (16,1%), Papoea-Nieuw-Guinea (3,2%), Nieuw-Caledonië (1,2%), Fiji (1,1%), en andere (2,1%). Het aandeel van de invoer in BBP van de leiders: Fiji (57,1%), Papoea-Nieuw-Guinea (45,1%), Nieuw-Caledonië (36,0%), Nieuw-Zeeland (27,5%) en Australië (19,2%). De invoer per hoofd in Oceanië onder de leiders: Nieuw-Caledonië ($6.011,0), Nieuw-Zeeland ($4.165,7), Australië ($4.000,6), Fiji ($1.307,9) en Papoea-Nieuw-Guinea ($582,4). De groei van de invoer onder de leiders: Australië (6,9%), Nieuw-Zeeland (5,4%), Fiji (3,7%), Papoea-Nieuw-Guinea (3,5%) en Nieuw-Caledonië (3,1%).

de jaren 2000

De invoer van Oceanië bedroeg in de jaren 2000 US$194,7 miljard per jaar, en was vergelijkbaar met Zwitserland (US$195,1 miljard). Het aandeel in de wereld was 1,6%.

Het aandeel van de invoer in het BBP van Oceanië was 23,4% in de jaren 2000, en was vergelijkbaar met Oost-Azië (23,3%).

De invoer per hoofd in Oceanië was $5.844,4 in de jaren 2000s, en was vergelijkbaar met de Cookeilanden (US$5,7 duizend). De waarde van de invoer per hoofd in Oceanië was in 3,1 keer hoger dan de invoer per hoofd van de bevolking in de wereld ($1.899,9).

De groei van de invoer in Oceanië bedroeg 6.6% in de jaren 2000, en was vergelijkbaar met Libanon (6,6%). De groei van de invoer in Oceanië (6,6%) was groter dan de groei van de invoer in de wereld (5,1%).

Vergelijking met regio's. De invoer van Oceanië was minder dan in Europa (US$5,3 biljoen), in Azië (US$3,6 biljoen), in Amerika (US$2,9 biljoen) en in Afrika (US$334,8 miljard). De invoer per hoofd in Oceanië was groter dan in Amerika (US$3,4 duizend), in Azië (US$898,2) en in Afrika (US$369,3); maar minder dan in Europa (US$7,3 duizend). De groei van de invoer in Oceanië was groter dan in Europa (4,0%) en in Amerika (3,5%); maar minder dan in Azië (7,8%) en in Afrika (7,6%).

Subregio's. De waarde van de invoer in Oceanië in de jaren 2000 bestond uit: Australazië (93,9%), Melanesië (4,6%), Polynesië (1,3%) en Micronesië (0,30%). Het aandeel van de invoer in het BBP van subregio's: Micronesië (83,7%), Melanesië (52,0%), Polynesië (39,7%) en Australazië (22,6%). De invoer per hoofd van de bevolking in subregio's: Australazië ($7.527,4), Polynesië ($4.405,2), Micronesië ($2.063,5) en Melanesië ($1.083,4). De groei van de invoer in subregio's: Australazië (6,9%), Melanesië (4,1%), Polynesië (3,3%) en Micronesië (2,4%).

Leiders. De waarde van de invoer in Oceanië in de jaren 2000 bestond uit: Australië (79,0%), Nieuw-Zeeland (14,9%), Papoea-Nieuw-Guinea (2,2%), Nieuw-Caledonië (1,3%), Frans-Polynesië (1,0%), en andere (1,6%). Het aandeel van de invoer in BBP van de leiders: Papoea-Nieuw-Guinea (55,8%), Nieuw-Caledonië (42,2%), Frans-Polynesië (36,9%), Nieuw-Zeeland (29,7%) en Australië (21,6%). De waarde van de invoer per hoofd in Oceanië onder de leiders: Nieuw-Caledonië ($10.972,3), Frans-Polynesië ($7.756,6), Australië ($7.619,8), Nieuw-Zeeland ($7.072,1) en Papoea-Nieuw-Guinea ($648,5). De groei van de invoer onder de leiders: Australië (7,5%), Papoea-Nieuw-Guinea (5,4%), Nieuw-Caledonië (3,9%), Frans-Polynesië (3,8%) en Nieuw-Zeeland (3,6%).

de jaren 2010

De invoer van Oceanië bedroeg in de jaren 2010 US$375,7 miljard per jaar, en was vergelijkbaar met Zwitserland (US$383,9 miljard). Het aandeel in de wereld was 1,7%.

Het aandeel van de invoer in het BBP van Oceanië was 22,6% in de jaren 2010.

De invoer per hoofd in Oceanië was $9.570,0 in de jaren 2010s, en was vergelijkbaar met Noord-Amerika (US$9,5 duizend), Saint Kitts en Nevis (US$9,7 duizend). De waarde van de invoer per hoofd in Oceanië was in 3,2 keer hoger dan de invoer per hoofd van de bevolking in de wereld ($3.015,6).

De groei van de invoer in Oceanië bedroeg 5.7% in de jaren 2010, en was vergelijkbaar met Tsjechië (5,7%), de Verenigde Arabische Emiraten (5,7%). De groei van de invoer in Oceanië (5,7%) was groter dan de groei van de invoer in de wereld (4,4%).

Vergelijking met regio's. De invoer van Oceanië was 22,1 keer minder dan in Europa (US$8,3 biljoen), 21,3 keer minder dan in Azië (US$8,0 biljoen), 12,7 keer minder dan in Amerika (US$4,8 biljoen) en 45,7% minder dan in Afrika (US$691,8 miljard). De invoer per hoofd in Oceanië was 95,9% groter dan in Amerika (US$4,9 duizend), 5,3 keer groter dan in Azië (US$1.813,7) en 16,2 keer groter dan in Afrika (US$592,1); maar 14,2% minder dan in Europa (US$11,1 duizend). De groei van de invoer in Oceanië was groter dan in Azië (5,4%), in Europa (4,3%), in Amerika (3,3%) en in Afrika (2,0%).

Subregio's. De invoer van Oceanië in de jaren 2010 bestond uit: Australazië (94,0%), Melanesië (4,9%), Polynesië (0,82%) en Micronesië (0,25%). Het aandeel van de invoer in het BBP van subregio's: Micronesië (85,9%), Melanesië (49,2%), Polynesië (41,4%) en Australazië (21,9%). De invoer per hoofd van de bevolking in subregio's: Australazië ($12.474,1), Polynesië ($5.191,4), Micronesië ($3.051,9) en Melanesië ($1.835,8). De groei van de invoer in subregio's: Australazië (5,8%), Melanesië (3,6%), Micronesië (2,3%) en Polynesië (1,4%).

Leiders. De waarde van de invoer in Oceanië in de jaren 2010 bestond uit: Australië (80,4%), Nieuw-Zeeland (13,6%), Papoea-Nieuw-Guinea (2,8%), Nieuw-Caledonië (1,1%), Fiji (0,70%), en andere (1,4%). Het aandeel van de invoer in BBP van de leiders: Fiji (57,5%), Papoea-Nieuw-Guinea (49,1%), Nieuw-Caledonië (43,2%), Nieuw-Zeeland (27,4%) en Australië (21,2%). De invoer per hoofd in Oceanië onder de leiders: Nieuw-Caledonië ($15.657,6), Australië ($12.728,6), Nieuw-Zeeland ($11.156,7), Fiji ($3.032,4) en Papoea-Nieuw-Guinea ($1.298,9). De groei van de invoer onder de leiders: Nieuw-Zeeland (17,5%), Papoea-Nieuw-Guinea (4,5%), Fiji (2,9%), Australië (2,4%) en Nieuw-Caledonië (1,6%).

Part IV. Verbruik

Hoofdstuk XII. Overheidsuitgaven

Consumptie-uitgaven van de overheid

De overheidsuitgaven van Oceanië steeg van US$19,6 miljard per jaar in de jaren 1970 tot US$308,7 miljard per jaar in de jaren 2010, dat wil zeggen met US$289,0 miljard of 15,7 keer. De verandering vond plaats op US$241,9 miljard als gevolg van een 4,6-voudige stijging van de prijzen, en ook op US$30,6 miljard als gevolg van een 1,8-voudige toename van het tarief per hoofd , evenals op US$16,5 miljard als gevolg van de toename van de bevolking. De gemiddelde jaarlijkse groei van de overheidsuitgaven is 3,3%. De minimumwaarde van de overheidsuitgaven bedroeg US$7,8 miljard in 1970. De maximumwaarde van de overheidsuitgaven bedroeg US$330,1 miljard in 2019.

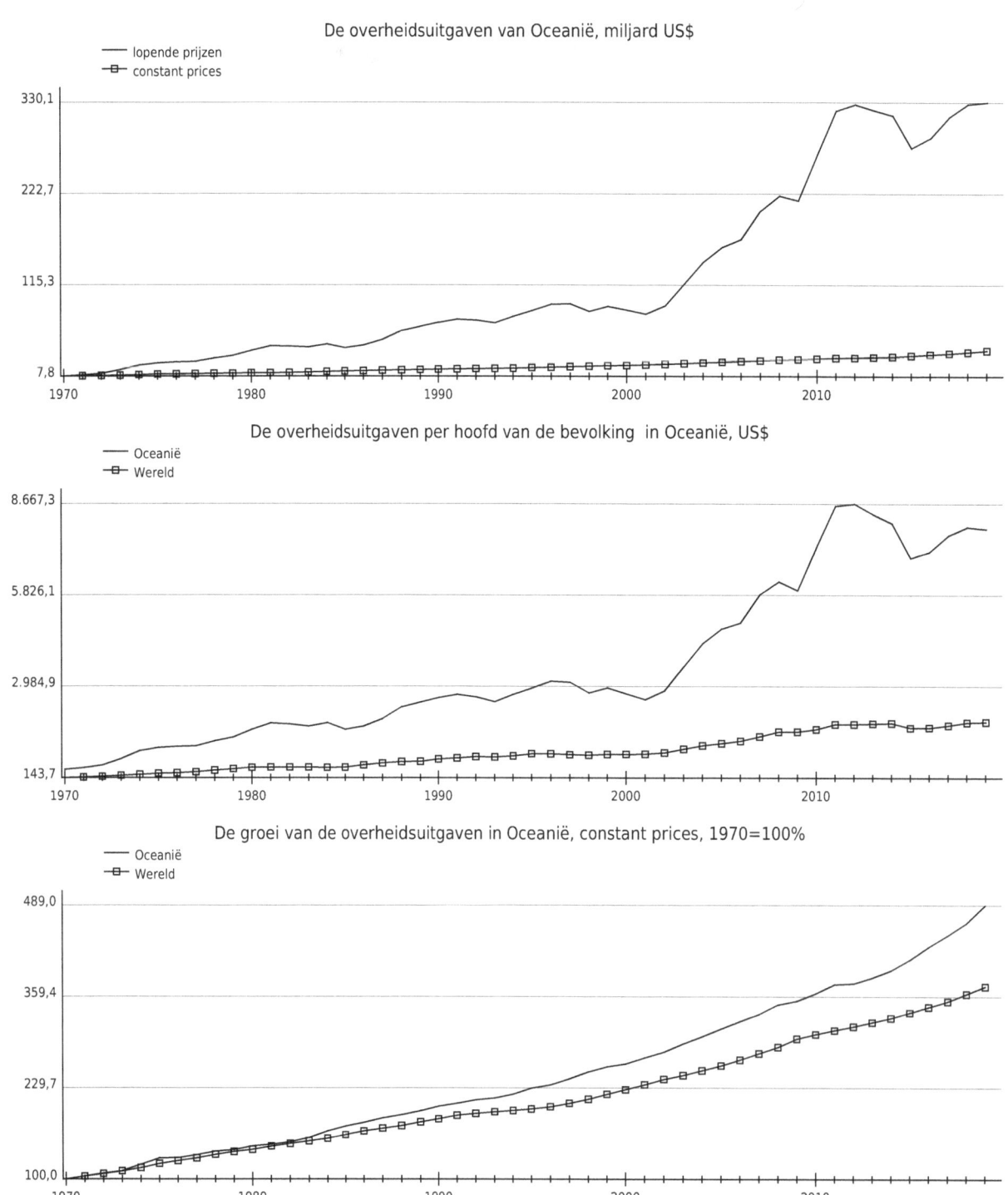

De overheidsuitgaven van Oceanië, miljard US$

De overheidsuitgaven per hoofd van de bevolking in Oceanië, US$

De groei van de overheidsuitgaven in Oceanië, constant prices, 1970=100%

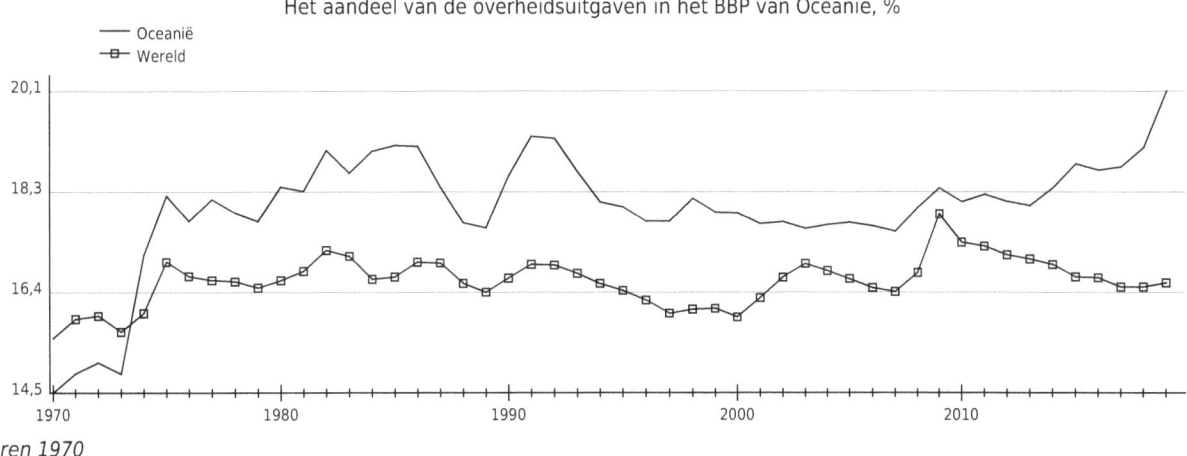

Het aandeel van de overheidsuitgaven in het BBP van Oceanië, %

— Oceanië
—□— Wereld

de jaren 1970

De overheidsuitgaven van Oceanië bedroeg in de jaren 1970 US$19,6 miljard per jaar, en was vergelijkbaar met China (US$19,4 miljard). Het aandeel in de wereld was 1,8%.

Het aandeel van de overheidsuitgaven in het BBP van Oceanië was 17,1% in de jaren 1970, en was vergelijkbaar met Joegoslavië (17,0%), Peru (17,0%), Noord-Amerika (17,1%).

De overheidsuitgaven per hoofd in Oceanië was $920,9 in de jaren 1970s, en was vergelijkbaar met Finland (US$925,2), Zwitserland (US$937,8). De overheidsuitgaven per hoofd in Oceanië was in 3,5 keer hoger dan de overheidsuitgaven per hoofd van de bevolking in de wereld ($265,2).

De groei van de overheidsuitgaven in Oceanië bedroeg 3.9% in de jaren 1970, en was vergelijkbaar met Uruguay (3,9%), Australazië (3,9%), Samoa (4,0%). De groei van de overheidsuitgaven in Oceanië (3,9%) was groter dan de groei van de overheidsuitgaven in de wereld (3,7%).

Vergelijking met regio's. De overheidsuitgaven van Oceanië was minder dan in Europa (US$492,5 miljard), in Amerika (US$366,9 miljard), in Azië (US$160,1 miljard) en in Afrika (US$31,6 miljard). De overheidsuitgaven per hoofd in Oceanië was groter dan in Europa (US$678,9), in Amerika (US$655,5), in Afrika (US$77,1) en in Azië (US$68,9). De groei van de overheidsuitgaven in Oceanië was groter dan in Amerika (2,1%); maar minder dan in Azië (6,9%), in Afrika (4,9%) en in Europa (4,5%).

Subregio's. De overheidsuitgaven van Oceanië in de jaren 1970 bestond uit: Australazië (93,9%), Melanesië (4,7%), Polynesië (1,2%) en Micronesië (0,28%). Het aandeel van de overheidsuitgaven in het BBP van subregio's: Micronesië (35,4%), Polynesië (28,4%), Melanesië (24,8%) en Australazië (16,7%). De overheidsuitgaven per hoofd van de bevolking in subregio's: Australazië ($1.105,6), Polynesië ($587,1), Micronesië ($330,8) en Melanesië ($225,1). De groei van de overheidsuitgaven in subregio's: Melanesië (4,3%), Australazië (3,9%), Polynesië (3,7%) en Micronesië (2,4%).

Leiders. De overheidsuitgaven van Oceanië in de jaren 1970 bestond uit: Australië (82,5%), Nieuw-Zeeland (11,3%), Papoea-Nieuw-Guinea (3,3%), Frans-Polynesië (1,00%), Nieuw-Caledonië (0,72%), en andere (1,1%). Het aandeel van de overheidsuitgaven in BBP van de leiders: Frans-Polynesië (28,9%), Papoea-Nieuw-Guinea (28,1%), Nieuw-Caledonië (20,7%), Nieuw-Zeeland (16,7%) en Australië (16,7%). De overheidsuitgaven per hoofd in Oceanië onder de leiders: Frans-Polynesië ($1.518,7), Australië ($1.187,0), Nieuw-Caledonië ($1.126,4), Nieuw-Zeeland ($737,4) en Papoea-Nieuw-Guinea ($210,0). De groei van de overheidsuitgaven onder de leiders: Nieuw-Caledonië (17,3%), Australië (4,0%), Frans-Polynesië (3,8%), Nieuw-Zeeland (3,5%) en Papoea-Nieuw-Guinea (0,14%).

de jaren 1980

De overheidsuitgaven van Oceanië bedroeg in de jaren 1980 US$47,4 miljard per jaar. Het aandeel in de wereld was 1,9%.

Het aandeel van de overheidsuitgaven in het BBP van Oceanië was 18,4% in de jaren 1980, en was vergelijkbaar met Burundi (18,5%), Oostenrijk (18,4%), IJsland (18,4%).

De overheidsuitgaven per hoofd in Oceanië was $1.914,7 in de jaren 1980s, en was vergelijkbaar met Italië (US$1.914,6), Bahrein (US$1.885,9). De overheidsuitgaven per hoofd in Oceanië was in 3,7 keer hoger dan de overheidsuitgaven per hoofd van de bevolking in de wereld ($523,5).

De groei van de overheidsuitgaven in Oceanië bedroeg 3.4% in de jaren 1980, en was vergelijkbaar met Micronesië (3,4%), Australazië (3,4%). De groei van de overheidsuitgaven in Oceanië (3,4%) was groter dan de groei van de overheidsuitgaven in de wereld (2,7%).

Vergelijking met regio's. De overheidsuitgaven van Oceanië was minder dan in Europa (US$1,1 biljoen), in Amerika (US$852,4 miljard), in Azië (US$482,6 miljard) en in Afrika (US$69,5 miljard). De overheidsuitgaven per hoofd in Oceanië was groter dan in Europa (US$1.404,9), in Amerika (US$1.287,2), in Azië (US$170,1) en in Afrika (US$128,3). De groei van de overheidsuitgaven in Oceanië was groter dan in Amerika (2,5%), in Europa (2,3%) en in Afrika (1,8%); maar minder dan in Azië (4,2%).

Subregio's. De overheidsuitgaven van Oceanië in de jaren 1980 bestond uit: Australazië (94,6%), Melanesië (3,8%), Polynesië (1,3%) en Micronesië (0,27%). Het aandeel van de overheidsuitgaven in het BBP van subregio's: Micronesië (47,4%), Polynesië (26,3%), Melanesië (25,6%) en Australazië (18,1%). De overheidsuitgaven per hoofd van de bevolking in subregio's: Australazië ($2.382,2), Polynesië ($1.343,9), Micronesië ($622,3) en Melanesië ($345,6). De groei van de overheidsuitgaven in subregio's: Polynesië (4,0%), Australazië (3,4%), Micronesië (3,4%) en Melanesië (2,1%).

Leiders. De overheidsuitgaven van Oceanië in de jaren 1980 bestond uit: Australië (82,9%), Nieuw-Zeeland (11,7%), Papoea-Nieuw-Guinea (2,3%), Frans-Polynesië (1,1%), Nieuw-Caledonië (0,87%), en andere (1,1%). Het aandeel van de overheidsuitgaven in BBP van de leiders: Nieuw-Caledonië (33,1%), Frans-Polynesië (26,3%), Papoea-Nieuw-Guinea (25,0%), Australië (18,1%) en Nieuw-Zeeland (18,1%). De overheidsuitgaven per hoofd in Oceanië onder de leiders: Frans-Polynesië ($3.122,0), Nieuw-Caledonië ($2.663,7), Australië ($2.524,4), Nieuw-Zeeland ($1.700,5) en Papoea-Nieuw-Guinea ($272,9). De groei van de overheidsuitgaven onder de leiders: Nieuw-Caledonië (4,7%), Frans-Polynesië (4,5%), Australië (3,7%), Nieuw-Zeeland (1,7%) en Papoea-Nieuw-Guinea (-0,71%).

de jaren 1990

De overheidsuitgaven van Oceanië bedroeg in de jaren 1990 US$81,4 miljard per jaar. Het aandeel in de wereld was 1,7%.

Het aandeel van de overheidsuitgaven in het BBP van Oceanië was 18,3% in de jaren 1990, en was vergelijkbaar met Oezbekistan (18,3%), Bhutan (18,3%), Oekraïne (18,2%).

De overheidsuitgaven per hoofd in Oceanië was $2.816,0 in de jaren 1990s. De overheidsuitgaven per hoofd in Oceanië was in 3,4 keer hoger dan de overheidsuitgaven per hoofd van de bevolking in de wereld ($824,8).

De groei van de overheidsuitgaven in Oceanië bedroeg 2.8% in de jaren 1990, en was vergelijkbaar met Marokko (2,8%), Oostenrijk (2,8%), IJsland (2,8%). De groei van de overheidsuitgaven in Oceanië (2,8%) was groter dan de groei van de overheidsuitgaven in de wereld (2,0%).

Vergelijking met regio's. De overheidsuitgaven van Oceanië was minder dan in Europa (US$1,9 biljoen), in Amerika (US$1,5 biljoen), in Azië (US$1,1 biljoen) en in Afrika (US$89,3 miljard). De overheidsuitgaven per hoofd in Oceanië was groter dan in Europa (US$2,6 duizend), in Amerika (US$1.972,7), in Azië (US$318,7) en in Afrika (US$126,1). De groei van de overheidsuitgaven in Oceanië was groter dan in Afrika (1,6%), in Europa (1,3%) en in Amerika (1,1%); maar minder dan in Azië (5,0%).

Subregio's. De overheidsuitgaven van Oceanië in de jaren 1990 bestond uit: Australazië (94,8%), Melanesië (3,4%), Polynesië (1,5%) en Micronesië (0,29%). Het aandeel van de overheidsuitgaven in het BBP van subregio's: Micronesië (46,1%), Polynesië (26,6%), Melanesië (22,9%) en Australazië (18,0%). De overheidsuitgaven per hoofd van de bevolking in subregio's: Australazië ($3.587,8), Polynesië ($2.346,2), Micronesië ($903,8) en Melanesië ($419,7). De groei van de overheidsuitgaven in subregio's: Australazië (2,8%), Polynesië (1,9%), Melanesië (0,99%) en Micronesië (-0,20%).

Leiders. De overheidsuitgaven van Oceanië in de jaren 1990 bestond uit: Australië (83,1%), Nieuw-Zeeland (11,8%), Papoea-Nieuw-Guinea (1,7%), Frans-Polynesië (1,3%), Nieuw-Caledonië (1,2%), en andere (1,0%). Het aandeel van de overheidsuitgaven in BBP van de leiders: Nieuw-Caledonië (29,4%), Frans-Polynesië (26,6%), Papoea-Nieuw-Guinea (20,7%), Australië (18,1%) en Nieuw-Zeeland (17,4%). De overheidsuitgaven per hoofd in Oceanië onder de leiders: Frans-Polynesië ($4.930,6), Nieuw-Caledonië ($4.921,1), Australië ($3.780,1), Nieuw-Zeeland ($2.639,6) en Papoea-Nieuw-Guinea ($267,4). De groei van de overheidsuitgaven onder de leiders: Australië (3,1%), Nieuw-Caledonië (2,3%), Frans-Polynesië (2,1%), Nieuw-Zeeland (1,4%) en Papoea-Nieuw-Guinea (0,25%).

de jaren 2000

De overheidsuitgaven van Oceanië bedroeg in de jaren 2000 US$148,1 miljard per jaar, en was vergelijkbaar met Afrika (US$149,4 miljard). Het aandeel in de wereld was 1,9%.

Het aandeel van de overheidsuitgaven in het BBP van Oceanië was 17,8% in de jaren 2000, en was vergelijkbaar met Antigua en Barbuda (17,8%), Andorra (17,8%), Kirgizië (17,9%).

De overheidsuitgaven per hoofd in Oceanië was $4.445,7 in de jaren 2000s, en was vergelijkbaar met Spanje (US$4,5 duizend), Zuid-Europa (US$4,4 duizend), Griekenland (US$4,3 duizend). De overheidsuitgaven per hoofd in Oceanië was in 3,7 keer hoger dan de overheidsuitgaven per hoofd van de bevolking in de wereld ($1.200,9).

De groei van de overheidsuitgaven in Oceanië bedroeg 3.1% in de jaren 2000, en was vergelijkbaar met Slovenië (3,1%), Australazië (3,1%), San Marino (3,1%). De groei van de overheidsuitgaven in Oceanië (3,1%) was groter dan de groei van de overheidsuitgaven in de wereld (3,1%).

Vergelijking met regio's. De overheidsuitgaven van Oceanië was minder dan in Europa (US$3,0 biljoen), in Amerika (US$2,6 biljoen), in Azië (US$1,9 biljoen) en in Afrika (US$149,4 miljard). De overheidsuitgaven per hoofd in Oceanië was groter dan in Europa (US$4,2 duizend), in Amerika (US$2,9 duizend), in Azië (US$477,4) en in Afrika (US$164,8). De groei van de overheidsuitgaven in Oceanië was groter dan in Amerika (2,4%) en in Europa (2,1%); maar minder dan in Azië (5,3%) en in Afrika (5,0%).

Subregio's. De overheidsuitgaven van Oceanië in de jaren 2000 bestond uit: Australazië (96,2%), Melanesië (2,3%), Polynesië (1,3%) en Micronesië (0,22%). Het aandeel van de overheidsuitgaven in het BBP van subregio's: Micronesië (46,0%), Polynesië (30,5%), Melanesië (20,3%) en Australazië (17,6%). De overheidsuitgaven per hoofd van de bevolking in subregio's: Australazië ($5.865,8), Polynesië ($3.381,3), Micronesië ($1.135,0) en Melanesië ($422,4). De groei van de overheidsuitgaven in subregio's: Melanesië (3,7%), Polynesië (3,6%), Australazië (3,1%) en Micronesië (1,4%).

Leiders. De overheidsuitgaven van Oceanië in de jaren 2000 bestond uit: Australië (84,3%), Nieuw-Zeeland (11,9%), Frans-Polynesië (1,1%), Nieuw-Caledonië (1,1%), Papoea-Nieuw-Guinea (0,84%). Het aandeel van de overheidsuitgaven in BBP van de leiders: Frans-Polynesië (31,5%), Nieuw-Caledonië (25,6%), Nieuw-Zeeland (18,1%), Australië (17,6%) en Papoea-Nieuw-Guinea (16,6%). De overheidsuitgaven per hoofd in Oceanië onder de leiders: Nieuw-Caledonië ($6.667,5), Frans-Polynesië ($6.626,5), Australië ($6.184,1), Nieuw-Zeeland ($4.298,7) en Papoea-Nieuw-Guinea ($192,6). De groei van de overheidsuitgaven onder de leiders: Papoea-Nieuw-Guinea (5,5%), Frans-Polynesië (3,9%), Nieuw-Zeeland (3,6%), Australië (3,1%) en Nieuw-Caledonië (2,5%).

de jaren 2010

De overheidsuitgaven van Oceanië bedroeg in de jaren 2010 US$308,7 miljard per jaar. Het aandeel in de wereld was 2,4%.

Het aandeel van de overheidsuitgaven in het BBP van Oceanië was 18,6% in de jaren 2010, en was vergelijkbaar met Nieuw-Zeeland (18,7%), Slowakije (18,7%), Australazië (18,5%).

De overheidsuitgaven per hoofd in Oceanië was $7.863,2 in de jaren 2010s, en was vergelijkbaar met Andorra (US$7,8 duizend). De overheidsuitgaven per hoofd in Oceanië was in 4,4 keer hoger dan de overheidsuitgaven per hoofd van de bevolking in de wereld ($1.785,1).

De groei van de overheidsuitgaven in Oceanië bedroeg 3.3% in de jaren 2010, en was vergelijkbaar met Indonesië (3,3%). De groei van de overheidsuitgaven in Oceanië (3,3%) was groter dan de groei van de overheidsuitgaven in de wereld (2,3%).

Vergelijking met regio's. De overheidsuitgaven van Oceanië was 13,9 keer minder dan in Azië (US$4,3 biljoen), 13,8 keer minder dan in Europa (US$4,2 biljoen), 12,7 keer minder dan in Amerika (US$3,9 biljoen) en 6,0% minder dan in Afrika (US$328,3 miljard). De overheidsuitgaven per hoofd in Oceanië was 37,8% groter dan in Europa (US$5,7 duizend), 94,9% groter dan in Amerika (US$4,0 duizend), 8,1 keer groter dan in Azië (US$970,7) en 28,0 keer groter dan in Afrika (US$281,0). De groei van de overheidsuitgaven in Oceanië was groter dan in Afrika (3,0%), in Europa (0,99%) en in Amerika (0,45%); maar minder dan in Azië (5,2%).

Subregio's. De overheidsuitgaven van Oceanië in de jaren 2010 bestond uit: Australazië (96,5%), Melanesië (2,6%), Polynesië (0,73%) en Micronesië (0,15%). Het aandeel van de overheidsuitgaven in het BBP van subregio's: Micronesië (43,2%), Polynesië (30,2%), Melanesië (21,7%) en Australazië (18,5%). De overheidsuitgaven per hoofd van de bevolking in subregio's: Australazië ($10.517,2), Polynesië ($3.783,3), Micronesië ($1.536,7) en Melanesië ($810,7). De groei van de overheidsuitgaven in subregio's: Australazië (3,4%), Micronesië (1,7%), Polynesië (0,12%) en Melanesië (-1,5%).

Leiders. De overheidsuitgaven van Oceanië in de jaren 2010 bestond uit: Australië (85,2%), Nieuw-Zeeland (11,3%), Papoea-Nieuw-Guinea (1,5%), Nieuw-Caledonië (0,75%), Frans-Polynesië (0,61%). Het aandeel van de overheidsuitgaven in BBP van de leiders: Frans-Polynesië (31,9%), Nieuw-Caledonië (23,8%), Papoea-Nieuw-Guinea (21,2%), Nieuw-Zeeland (18,7%) en Australië (18,4%). De overheidsuitgaven per hoofd in Oceanië onder de leiders: Australië ($11.078,9), Nieuw-Caledonië ($8.611,8), Nieuw-Zeeland ($7.609,7), Frans-Polynesië ($6.902,6) en Papoea-Nieuw-Guinea ($559,2). De groei van de overheidsuitgaven onder de leiders: Australië (3,6%), Nieuw-Zeeland (2,4%), Nieuw-Caledonië (1,8%), Frans-Polynesië (-0,21%) en Papoea-Nieuw-Guinea (-9,4%).

Hoofdstuk XIII. Huishoudelijke uitgaven

Consumptieve bestedingen van de huishoudens

De huishoudelijke uitgaven van Oceanië steeg van US$64,8 miljard per jaar in de jaren 1970 tot US$944,5 miljard per jaar in de jaren 2010, dat wil zeggen met US$879,6 miljard of 14,6 keer. De verandering vond plaats op US$721,5 miljard als gevolg van een 4,2-voudige stijging van de prijzen, en ook op US$103,6 miljard als gevolg van een 1,9-voudige toename van het tarief per hoofd , evenals op US$54,5 miljard als gevolg van de toename van de bevolking. De gemiddelde jaarlijkse groei van de huishoudelijke uitgaven is 3,1%. De minimumwaarde van de huishoudelijke uitgaven bedroeg US$30,1 miljard in 1970. De maximumwaarde van de huishoudelijke uitgaven bedroeg US$1,0 biljoen in 2012.

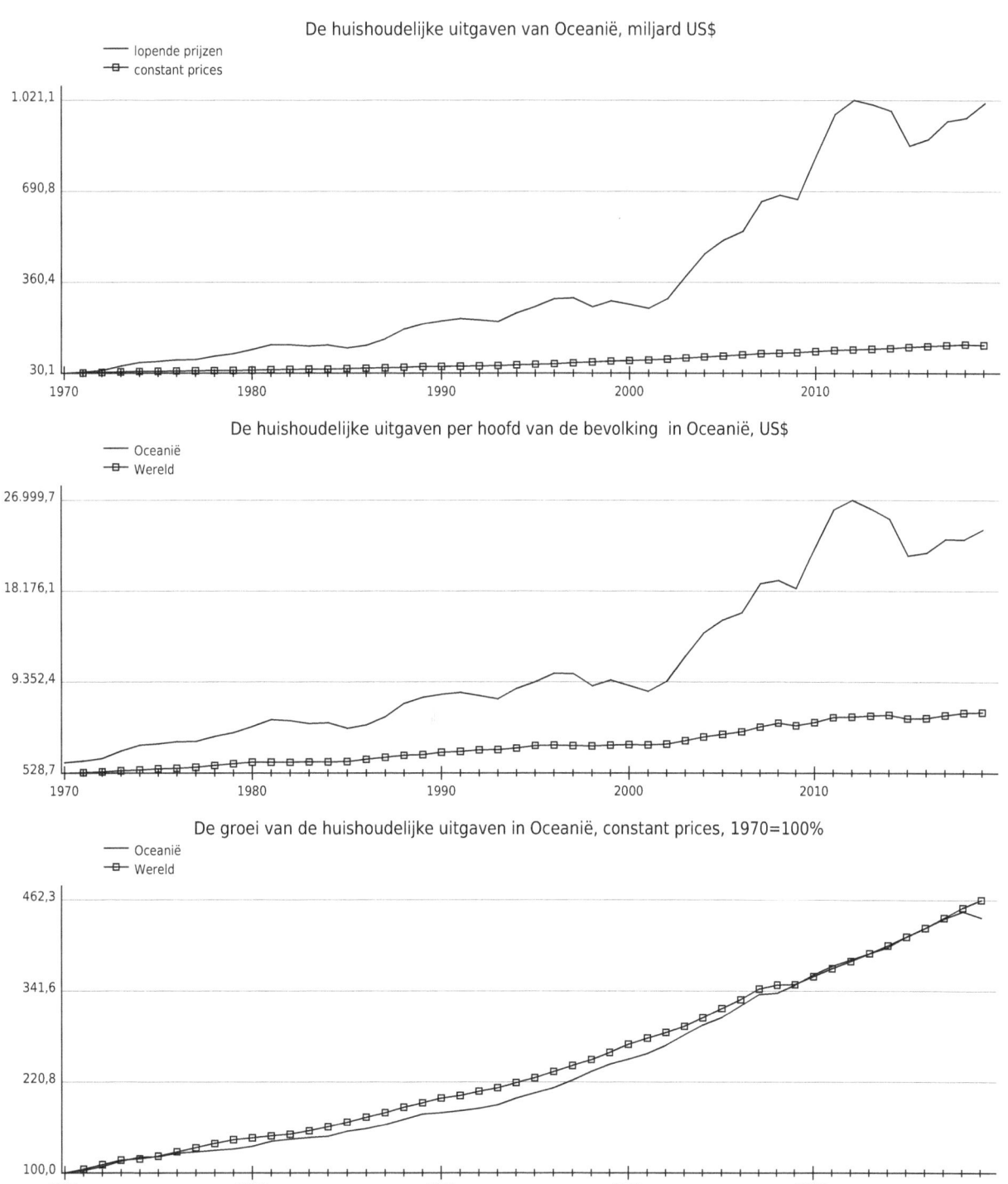

De huishoudelijke uitgaven van Oceanië, miljard US$

De huishoudelijke uitgaven per hoofd van de bevolking in Oceanië, US$

De groei van de huishoudelijke uitgaven in Oceanië, constant prices, 1970=100%

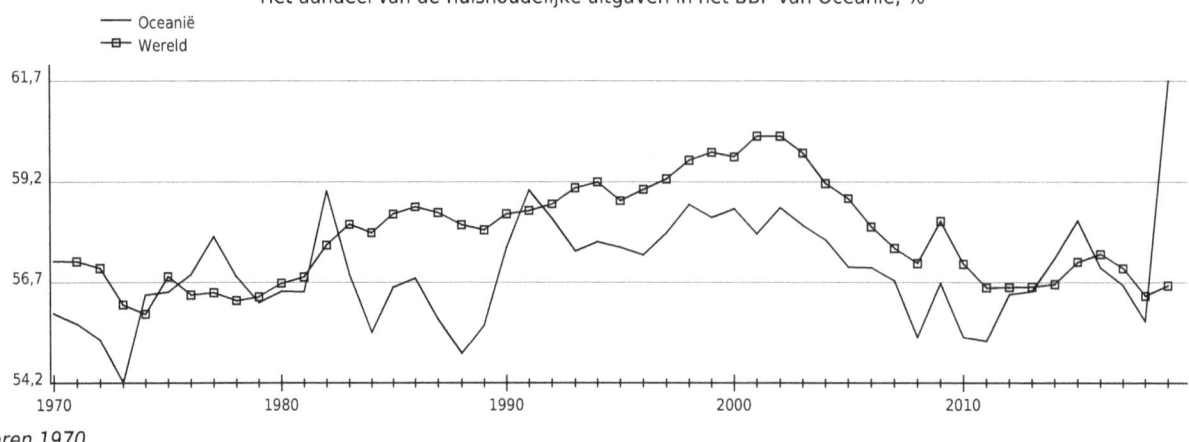

Het aandeel van de huishoudelijke uitgaven in het BBP van Oceanië, %

de jaren 1970

De huishoudelijke uitgaven van Oceanië bedroeg in de jaren 1970 US$64,8 miljard per jaar, en was vergelijkbaar met Mexico (US$66,4 miljard). Het aandeel in de wereld was 1,8%.

Het aandeel van de huishoudelijke uitgaven in het BBP van Oceanië was 56,3% in de jaren 1970, en was vergelijkbaar met Frans-Polynesië (56,2%), Australazië (56,4%), IJsland (56,4%).

De huishoudelijke uitgaven per hoofd in Oceanië was $3.038,8 in de jaren 1970s, en was vergelijkbaar met Noord-Europa (US$3,1 duizend). De huishoudelijke uitgaven per hoofd in Oceanië was in 3,3 keer hoger dan de huishoudelijke uitgaven per hoofd van de bevolking in de wereld ($914,8).

De groei van de huishoudelijke uitgaven in Oceanië bedroeg 3.1% in de jaren 1970, en was vergelijkbaar met Myanmar (3,1%), Australazië (3,1%), de Salomonseilanden (3,1%). De groei van de huishoudelijke uitgaven in Oceanië (3,1%) was minder dan de groei van de huishoudelijke uitgaven in de wereld (4,1%).

Vergelijking met regio's. De huishoudelijke uitgaven van Oceanië was minder dan in Europa (US$1,5 biljoen), in Amerika (US$1,4 biljoen), in Azië (US$655,8 miljard) en in Afrika (US$111,2 miljard). De huishoudelijke uitgaven per hoofd in Oceanië was groter dan in Amerika (US$2,5 duizend), in Europa (US$2,0 duizend), in Azië (US$282,4) en in Afrika (US$271,0). De groei van de huishoudelijke uitgaven in Oceanië was minder dan in Azië (5,2%), in Amerika (4,1%), in Afrika (4,1%) en in Europa (3,7%).

Subregio's. De huishoudelijke uitgaven van Oceanië in de jaren 1970 bestond uit: Australazië (96,1%), Melanesië (3,0%), Polynesië (0,77%) en Micronesië (0,15%). Het aandeel van de huishoudelijke uitgaven in het BBP van subregio's: Micronesië (62,2%), Polynesië (61,2%), Australazië (56,4%) en Melanesië (51,5%). De huishoudelijke uitgaven per hoofd van de bevolking in subregio's: Australazië ($3.736,6), Polynesië ($1.265,9), Micronesië ($581,2) en Melanesië ($467,9). De groei van de huishoudelijke uitgaven in subregio's: Polynesië (3,6%), Melanesië (3,4%), Australazië (3,1%) en Micronesië (2,9%).

Leiders. De huishoudelijke uitgaven van Oceanië in de jaren 1970 bestond uit: Australië (83,8%), Nieuw-Zeeland (12,3%), Papoea-Nieuw-Guinea (1,8%), Frans-Polynesië (0,59%), Nieuw-Caledonië (0,56%). Het aandeel van de huishoudelijke uitgaven in BBP van de leiders: Nieuw-Zeeland (59,9%), Frans-Polynesië (56,2%), Australië (55,9%), Nieuw-Caledonië (52,9%) en Papoea-Nieuw-Guinea (49,3%). De huishoudelijke uitgaven per hoofd in Oceanië onder de leiders: Australië ($3.978,3), Frans-Polynesië ($2.953,5), Nieuw-Caledonië ($2.877,0), Nieuw-Zeeland ($2.643,8) en Papoea-Nieuw-Guinea ($368,4). De groei van de huishoudelijke uitgaven onder de leiders: Frans-Polynesië (3,8%), Australië (3,4%), Nieuw-Caledonië (2,4%), Papoea-Nieuw-Guinea (1,8%) en Nieuw-Zeeland (1,5%).

de jaren 1980

De huishoudelijke uitgaven van Oceanië bedroeg in de jaren 1980 US$144,8 miljard per jaar, en was vergelijkbaar met Zuidoost-Azië (US$142,0 miljard). Het aandeel in de wereld was 1,7%.

Het aandeel van de huishoudelijke uitgaven in het BBP van Oceanië was 56,2% in de jaren 1980, en was vergelijkbaar met Australazië (56,2%), Zuidoost-Azië (56,2%), Papoea-Nieuw-Guinea (56,3%).

De huishoudelijke uitgaven per hoofd in Oceanië was $5.842,6 in de jaren 1980s, en was vergelijkbaar met Koeweit (US$5,9 duizend). De huishoudelijke uitgaven per hoofd in Oceanië was in 3,2 keer hoger dan de huishoudelijke uitgaven per hoofd van de bevolking in de wereld ($1.808,0).

De groei van de huishoudelijke uitgaven in Oceanië bedroeg 3.1% in de jaren 1980, en was vergelijkbaar met Oeganda (3,0%), de Sovjet-Unie (3,0%), Australazië (3,1%). De groei van de huishoudelijke uitgaven in Oceanië (3,1%) was groter dan de groei van de huishoudelijke uitgaven in de wereld (3,0%).

Vergelijking met regio's. De huishoudelijke uitgaven van Oceanië was minder dan in Amerika (US$3,4 biljoen), in Europa (US$3,1 biljoen), in Azië (US$1,9 biljoen) en in Afrika (US$269,7 miljard). De huishoudelijke uitgaven per hoofd in Oceanië was groter dan in Amerika (US$5,1 duizend), in Europa (US$4,0 duizend), in Azië (US$666,0) en in Afrika (US$497,8). De groei van de huishoudelijke uitgaven in Oceanië was groter dan in Amerika (2,9%), in Europa (2,3%) en in Afrika (2,3%); maar minder dan in Azië (4,7%).

Subregio's. De huishoudelijke uitgaven van Oceanië in de jaren 1980 bestond uit: Australazië (96,2%), Melanesië (2,8%), Polynesië (0,88%) en Micronesië (0,16%). Het aandeel van de huishoudelijke uitgaven in het BBP van subregio's: Micronesië (87,7%), Australazië (56,2%), Melanesië (55,9%) en Polynesië (55,0%). De huishoudelijke uitgaven per hoofd van de bevolking in subregio's: Australazië ($7.392,2), Polynesië ($2.810,3), Micronesië ($1.149,8) en Melanesië ($755,0). De groei van de huishoudelijke uitgaven in subregio's: Polynesië (3,7%), Micronesië (3,6%), Australazië (3,1%) en Melanesië (3,0%).

Leiders. De huishoudelijke uitgaven van Oceanië in de jaren 1980 bestond uit: Australië (84,0%), Nieuw-Zeeland (12,2%), Papoea-Nieuw-Guinea (1,7%), Frans-Polynesië (0,73%), Nieuw-Caledonië (0,47%). Het aandeel van de huishoudelijke uitgaven in BBP van de leiders: Nieuw-Zeeland (57,6%), Papoea-Nieuw-Guinea (56,3%), Australië (56,0%), Nieuw-Caledonië (54,6%) en Frans-Polynesië (51,2%). De huishoudelijke uitgaven per hoofd in Oceanië onder de leiders: Australië ($7.802,1), Frans-Polynesië ($6.071,6), Nieuw-Zeeland ($5.428,2), Nieuw-Caledonië ($4.390,1) en Papoea-Nieuw-Guinea ($615,2). De groei van de huishoudelijke uitgaven onder de leiders: Frans-Polynesië (4,5%), Nieuw-Caledonië (3,9%), Australië (3,2%), Nieuw-Zeeland (1,9%) en Papoea-Nieuw-Guinea (0,90%).

de jaren 1990

De huishoudelijke uitgaven van Oceanië bedroeg in de jaren 1990 US$258,1 miljard per jaar. Het aandeel in de wereld was 1,5%.

Het aandeel van de huishoudelijke uitgaven in het BBP van Oceanië was 57,9% in de jaren 1990, en was vergelijkbaar met Australazië (58,0%), Australië (57,8%), IJsland (58,1%).

De huishoudelijke uitgaven per hoofd in Oceanië was $8.928,2 in de jaren 1990s, en was vergelijkbaar met Nieuw-Zeeland (US$8,9 duizend), Zuid-Europa (US$8,9 duizend), Spanje (US$9,0 duizend). De huishoudelijke uitgaven per hoofd in Oceanië was in 3,0 keer hoger dan de huishoudelijke uitgaven per hoofd van de bevolking in de wereld ($2.963,9).

De groei van de huishoudelijke uitgaven in Oceanië bedroeg 3.2% in de jaren 1990, en was vergelijkbaar met Polen (3,2%), Irak (3,2%), de Bahama's (3,2%). De groei van de huishoudelijke uitgaven in Oceanië (3,2%) was groter dan de groei van de huishoudelijke uitgaven in de wereld (3,0%).

Vergelijking met regio's. De huishoudelijke uitgaven van Oceanië was minder dan in Amerika (US$6,5 biljoen), in Europa (US$5,6 biljoen), in Azië (US$4,2 biljoen) en in Afrika (US$377,3 miljard). De huishoudelijke uitgaven per hoofd in Oceanië was groter dan in Amerika (US$8,4 duizend), in Europa (US$7,7 duizend), in Azië (US$1.208,2) en in Afrika (US$532,7). De groei van de huishoudelijke uitgaven in Oceanië was groter dan in Afrika (2,6%) en in Europa (1,8%); maar minder dan in Azië (4,4%) en in Amerika (3,3%).

Subregio's. De huishoudelijke uitgaven van Oceanië in de jaren 1990 bestond uit: Australazië (96,2%), Melanesië (2,6%), Polynesië (0,96%) en Micronesië (0,16%). Het aandeel van de huishoudelijke uitgaven in het BBP van subregio's: Micronesië (82,4%), Australazië (58,0%), Melanesië (56,2%) en Polynesië (54,9%). De huishoudelijke uitgaven per hoofd van de bevolking in subregio's: Australazië ($11.543,8), Polynesië ($4.847,3), Micronesië ($1.616,0) en Melanesië ($1.031,8). De groei van de huishoudelijke uitgaven in subregio's: Melanesië (4,9%), Australazië (3,2%), Polynesië (1,8%) en Micronesië (0,21%).

Leiders. De huishoudelijke uitgaven van Oceanië in de jaren 1990 bestond uit: Australië (83,7%), Nieuw-Zeeland (12,5%), Papoea-Nieuw-Guinea (1,3%), Nieuw-Caledonië (0,81%), Frans-Polynesië (0,81%). Het aandeel van de huishoudelijke uitgaven in BBP van de leiders: Nieuw-Caledonië (65,8%), Nieuw-Zeeland (58,9%), Australië (57,8%), Frans-Polynesië (51,8%) en Papoea-Nieuw-Guinea (49,7%). De huishoudelijke uitgaven per hoofd in Oceanië onder de leiders: Australië ($12.076,0), Nieuw-Caledonië ($11.000,9), Frans-Polynesië ($9.588,6), Nieuw-Zeeland ($8.919,2) en Papoea-Nieuw-Guinea ($642,2). De groei van de huishoudelijke uitgaven onder de leiders: Papoea-Nieuw-Guinea (7,1%), Nieuw-Caledonië (5,1%), Australië (3,3%), Nieuw-Zeeland (2,6%) en Frans-Polynesië

(2,1%).

de jaren 2000

De huishoudelijke uitgaven van Oceanië bedroeg in de jaren 2000 US$474,7 miljard per jaar, en was vergelijkbaar met India (US$483,5 miljard). Het aandeel in de wereld was 1,7%.

Het aandeel van de huishoudelijke uitgaven in het BBP van Oceanië was 57,0% in de jaren 2000, en was vergelijkbaar met Australazië (56,9%), Zuidoost-Azië (57,1%), Australië (56,8%).

De huishoudelijke uitgaven per hoofd in Oceanië was $14.250,8 in de jaren 2000s, en was vergelijkbaar met Groenland (US$14,3 duizend), Griekenland (US$14,1 duizend), Spanje (US$14,5 duizend). De huishoudelijke uitgaven per hoofd in Oceanië was in 3,4 keer hoger dan de huishoudelijke uitgaven per hoofd van de bevolking in de wereld ($4.208,2).

De groei van de huishoudelijke uitgaven in Oceanië bedroeg 3.6% in de jaren 2000, en was vergelijkbaar met Niger (3,6%), Gabon (3,6%), Brunei (3,6%). De groei van de huishoudelijke uitgaven in Oceanië (3,6%) was groter dan de groei van de huishoudelijke uitgaven in de wereld (3,0%).

Vergelijking met regio's. De huishoudelijke uitgaven van Oceanië was minder dan in Amerika (US$11,0 biljoen), in Europa (US$8,7 biljoen), in Azië (US$6,5 biljoen) en in Afrika (US$667,1 miljard). De huishoudelijke uitgaven per hoofd in Oceanië was groter dan in Amerika (US$12,5 duizend),   in Europa (US$11,9 duizend),   in Azië (US$1.649,6) en   in Afrika (US$735,9). De groei van de huishoudelijke uitgaven in Oceanië was groter dan in Amerika (2,7%) en in Europa (2,0%); maar minder dan in Afrika (6,0%) en in Azië (4,4%).

Subregio's. De huishoudelijke uitgaven van Oceanië in de jaren 2000 bestond uit: Australazië (96,9%), Melanesië (2,1%), Polynesië (0,85%) en Micronesië (0,11%). Het aandeel van de huishoudelijke uitgaven in het BBP van subregio's: Micronesië (76,0%), Polynesië (64,5%), Melanesië (58,5%) en Australazië (56,9%). De huishoudelijke uitgaven per hoofd van de bevolking in subregio's: Australazië ($18.954,5), Polynesië ($7.153,1), Micronesië ($1.873,3) en Melanesië ($1.218,5). De groei van de huishoudelijke uitgaven in subregio's: Australazië (3,7%), Polynesië (3,4%), Melanesië (2,3%) en Micronesië (-1,1%).

Leiders. De huishoudelijke uitgaven van Oceanië in de jaren 2000 bestond uit: Australië (85,1%), Nieuw-Zeeland (11,9%), Nieuw-Caledonië (0,81%), Papoea-Nieuw-Guinea (0,78%), Frans-Polynesië (0,69%). Het aandeel van de huishoudelijke uitgaven in BBP van de leiders: Nieuw-Caledonië (63,3%), Frans-Polynesië (61,3%), Nieuw-Zeeland (57,7%), Australië (56,8%) en Papoea-Nieuw-Guinea (49,3%). De huishoudelijke uitgaven per hoofd in Oceanië onder de leiders: Australië ($20.013,7), Nieuw-Caledonië ($16.454,4), Nieuw-Zeeland ($13.739,7), Frans-Polynesië ($12.893,0) en Papoea-Nieuw-Guinea ($573,1). De groei van de huishoudelijke uitgaven onder de leiders: Australië (3,7%), Frans-Polynesië (3,7%), Nieuw-Zeeland (3,3%), Nieuw-Caledonië (2,6%) en Papoea-Nieuw-Guinea (2,1%).

de jaren 2010

De huishoudelijke uitgaven van Oceanië bedroeg in de jaren 2010 US$944,5 miljard per jaar, en was vergelijkbaar met Centraal-Amerika (US$935,5 miljard). Het aandeel in de wereld was 2,1%.

Het aandeel van de huishoudelijke uitgaven in het BBP van Oceanië was 56,9% in de jaren 2010, en was vergelijkbaar met Indonesië (57,0%), de Seychellen (57,0%), Canada (57,0%).

De huishoudelijke uitgaven per hoofd in Oceanië was $24.058,7 in de jaren 2010s, en was vergelijkbaar met West-Europa (US$24,2 duizend), Duitsland (US$23,9 duizend). De huishoudelijke uitgaven per hoofd in Oceanië was in 4,0 keer hoger dan de huishoudelijke uitgaven per hoofd van de bevolking in de wereld ($6.018,5).

De groei van de huishoudelijke uitgaven in Oceanië bedroeg 2.3% in de jaren 2010, en was vergelijkbaar met Zuid-Afrika (2,3%). De groei van de huishoudelijke uitgaven in Oceanië (2,3%) was minder dan de groei van de huishoudelijke uitgaven in de wereld (2,8%).

Vergelijking met regio's. De huishoudelijke uitgaven van Oceanië was 17,9 keer minder dan in Amerika (US$16,9 biljoen), 13,9 keer minder dan in Azië (US$13,1 biljoen), 12,3 keer minder dan in Europa (US$11,6 biljoen) en 37,5% minder dan in Afrika (US$1,5 biljoen). De huishoudelijke uitgaven per hoofd in Oceanië was 38,3% groter dan in Amerika (US$17,4 duizend), 54,1% groter dan in Europa (US$15,6 duizend), 8,1 keer groter dan in Azië (US$3,0 duizend) en 18,6 keer groter dan in Afrika (US$1.292,9). De groei van de huishoudelijke uitgaven in Oceanië was groter dan in Amerika (2,2%) en in Europa (1,3%); maar minder dan in Azië (4,9%) en in Afrika (3,3%).

Subregio's. De huishoudelijke uitgaven van Oceanië in de jaren 2010 bestond uit: Australazië (96,9%), Melanesië (2,4%), Polynesië (0,55%) en Micronesië (0,090%). Het aandeel van de huishoudelijke uitgaven in het BBP van subregio's: Micronesië (78,5%), Polynesië (69,6%), Melanesië (61,2%) en Australazië (56,8%). De huishoudelijke uitgaven per hoofd van de bevolking in subregio's: Australazië ($32.329,7), Polynesië ($8.728,3), Micronesië ($2.788,7) en Melanesië ($2.282,6). De groei van de huishoudelijke uitgaven in subregio's: Melanesië (7,2%), Micronesië (2,2%), Australazië (2,2%) en Polynesië (1,2%).

Leiders. De huishoudelijke uitgaven van Oceanië in de jaren 2010 bestond uit: Australië (84,2%), Nieuw-Zeeland (12,7%), Papoea-Nieuw-Guinea (1,3%), Nieuw-Caledonië (0,65%), Frans-Polynesië (0,41%). Het aandeel van de huishoudelijke uitgaven in BBP van de leiders: Frans-Polynesië (66,1%), Nieuw-Zeeland (64,2%), Nieuw-Caledonië (63,5%), Papoea-Nieuw-Guinea (59,7%) en Australië (55,8%). De huishoudelijke uitgaven per hoofd in Oceanië onder de leiders: Australië ($33.523,1), Nieuw-Zeeland ($26.152,0), Nieuw-Caledonië ($22.994,6), Frans-Polynesië ($14.278,0) en Papoea-Nieuw-Guinea ($1.579,5). De groei van de huishoudelijke uitgaven onder de leiders: Papoea-Nieuw-Guinea (12,3%), Nieuw-Zeeland (3,5%), Nieuw-Caledonië (2,9%), Australië (2,0%) en Frans-Polynesië (0,92%).

Hoofdstuk XIV. Voedsel consumptie

Tijdens de onderzoeksperiode groeide de voedselconsumptie in noten (in 5,4 keer), specerijen (in 2,9 keer), plantaardige oliën (in 2,9 keer), vis (met 76,8%), stimulerende middelen (met 60,1%), groenten (met 45,7%), zetmeelrijke wortels (met 13,6%), fruit (met 13,5%), maar daalde in vlees (met 0,40%), granen (met 1,9%), peulvruchten (met 5,2%), melk (met 9,5%), suiker (met 13,3%), alcoholische dranken (met 40,9%), eieren (met 62,8%).

Dit zijn de correlatiecoëfficiënten tussen het bni per hoofd van de bevolking in constante prijzen en de voedselconsumptie: noten (0.993), specerijen (0.985), stimulerende middelen (0.965), vis (0.952), plantaardige oliën (0.942), groenten (0.884), fruit (0.761), zetmeelrijke wortels (0.725), vlees (0.292), granen (-0.326), peulvruchten (-0.494), suiker (-0.733), melk (-0.752), eieren (-0.794), alcoholische dranken (-0.925).

de jaren 1970

De consumptie van kcal in Oceanië was 3.054,0 kcal/hoofd/dag in the 1970s, and was on a par with Denemarken (3.058,8 kcal/hoofd/dag), de Verenigde Arabische Emiraten (3.048,1 kcal/hoofd/dag), Zuid-Korea (3.046,9 kcal/hoofd/dag). De consumptie van kcal in Oceanië was groter dan in de wereld (2.403,2 kcal/hoofd/dag). De structuur van de consumptie: granen (24.2%), suiker (16.6%), vlees (15.7%), melk (10.4%), plantaardige oliën (5.4%), en anderen (27.7%).

De consumptie van eiwitten in Oceanië was 103,8 g/hoofd/dag in the 1970s, and was on a par with Griekenland (103,9 g/hoofd/dag), de Sovjet-Unie (103,8 g/hoofd/dag), Oost-Europa (102,9 g/hoofd/dag). De consumptie van eiwitten in Oceanië was groter dan in de wereld (65,0 g/hoofd/dag). De structuur van de consumptie: vlees (36.9%), granen (23.1%), melk (17.9%), vis (3.5%), eieren (3.4%), en anderen (15.2%).

De consumptie van vet in Oceanië was 112,0 g/hoofd/dag in the 1970s, and was on a par with Hongarije (112,0 g/hoofd/dag), Australië (112,8 g/hoofd/dag). De consumptie van vet in Oceanië was groter dan in de wereld (55,1 g/hoofd/dag). De structuur van de consumptie: vlees (31.4%), plantaardige oliën (16.7%), melk (14.7%), eieren (2.9%), granen (2.5%), en anderen (31.8%).

Dit zijn niveaus van voedselconsumptie: melk (218,9 kg/hoofd/jr), alcoholische dranken (135,9 kg/hoofd/jr), vlees (110,0 kg/hoofd/jr), granen (93,4 kg/hoofd/jr), fruit (81,5 kg/hoofd/jr), groenten (67,4 kg/hoofd/jr), zetmeelrijke wortels (58,0 kg/hoofd/jr), suiker (52,4 kg/hoofd/jr), vis (15,3 kg/hoofd/jr), eieren (12,0 kg/hoofd/jr), plantaardige oliën (6,9 kg/hoofd/jr), stimulerende middelen (4,7 kg/hoofd/jr), peulvruchten (2,2 kg/hoofd/jr), noten (1,2 kg/hoofd/jr), specerijen (0,21 kg/hoofd/jr).

de jaren 1980

De consumptie van kcal in Oceanië was 3.045,2 kcal/hoofd/dag in the 1980s, and was on a par with Finland (3.041,4 kcal/hoofd/dag), Mexico (3.051,7 kcal/hoofd/dag), Egypte (3.053,2 kcal/hoofd/dag). De consumptie van kcal in Oceanië was groter dan in de wereld (2.572,3 kcal/hoofd/dag). De structuur van de consumptie: granen (23.5%), suiker (15.4%), vlees (14.8%), melk (10.5%), plantaardige oliën (8.8%), en anderen (27%).

De consumptie van eiwitten in Oceanië was 101,6 g/hoofd/dag in the 1980s, and was on a par with Tsjecho-Slowakije (102,0 g/hoofd/dag), Zuid-Europa (102,2 g/hoofd/dag), Noord-Amerika (102,3 g/hoofd/dag). De consumptie van eiwitten in Oceanië was groter dan in de wereld (69,1 g/hoofd/dag). De structuur van de consumptie: vlees (35.2%), granen (22.5%), melk (18%), vis (4.5%), eieren (3.1%), en anderen (16.7%).

De consumptie van vet in Oceanië was 116,3 g/hoofd/dag in the 1980s, and was on a par with Hongkong (115,8 g/hoofd/dag), Bulgarije (115,7 g/hoofd/dag). De consumptie van vet in Oceanië was groter dan in de wereld (63,2 g/hoofd/dag). De structuur van de consumptie: vlees (28.4%), plantaardige oliën (25.9%), melk (15.2%), eieren (2.4%), granen (2.3%), en anderen (25.8%).

Dit zijn niveaus van voedselconsumptie: melk (215,6 kg/hoofd/jr), alcoholische dranken (131,6 kg/hoofd/jr), vlees (103,7 kg/hoofd/jr), granen (90,5 kg/hoofd/jr), fruit (86,6 kg/hoofd/jr), groenten (75,1 kg/hoofd/jr), zetmeelrijke wortels (62,5 kg/hoofd/jr), suiker (48,9 kg/hoofd/jr), vis (18,6 kg/hoofd/jr), plantaardige oliën (11,3 kg/hoofd/jr), eieren (10,5 kg/hoofd/jr), stimulerende middelen (5,2 kg/hoofd/jr), peulvruchten (4,5 kg/hoofd/jr), noten (1,6 kg/hoofd/jr), specerijen (0,22 kg/hoofd/jr).

de jaren 1990

De consumptie van kcal in Oceanië was 3.065,5 kcal/hoofd/dag in the 1990s, and was on a par with Zweden (3.058,4 kcal/hoofd/dag), Australië (3.081,7 kcal/hoofd/dag), Letland (3.047,5 kcal/hoofd/dag). De consumptie van kcal in Oceanië was groter dan in de wereld

(2.652,6 kcal/hoofd/dag). De structuur van de consumptie: granen (23.8%), vlees (14.8%), suiker (14.2%), plantaardige oliën (11.8%), melk (10%), en anderen (25.4%).

De consumptie van eiwitten in Oceanië was 100,9 g/hoofd/dag in the 1990s, and was on a par with Noorwegen (101,3 g/hoofd/dag). De consumptie van eiwitten in Oceanië was groter dan in de wereld (72,1 g/hoofd/dag). De structuur van de consumptie: vlees (35.3%), granen (23.3%), melk (17.3%), vis (5.2%), groenten (2.9%), en anderen (16%).

De consumptie van vet in Oceanië was 124,1 g/hoofd/dag in the 1990s, and was on a par with Portugal (124,5 g/hoofd/dag). De consumptie van vet in Oceanië was groter dan in de wereld (69,0 g/hoofd/dag). De structuur van de consumptie: plantaardige oliën (33%), vlees (26.9%), melk (13.6%), granen (2.3%), eieren (1.7%), en anderen (22.5%).

Dit zijn niveaus van voedselconsumptie: melk (206,8 kg/hoofd/jr), alcoholische dranken (109,2 kg/hoofd/jr), vlees (104,0 kg/hoofd/jr), groenten (91,8 kg/hoofd/jr), granen (90,5 kg/hoofd/jr), fruit (88,3 kg/hoofd/jr), zetmeelrijke wortels (66,7 kg/hoofd/jr), suiker (46,0 kg/hoofd/jr), vis (22,0 kg/hoofd/jr), plantaardige oliën (15,1 kg/hoofd/jr), eieren (7,5 kg/hoofd/jr), stimulerende middelen (5,6 kg/hoofd/jr), peulvruchten (2,9 kg/hoofd/jr), noten (2,6 kg/hoofd/jr), specerijen (0,27 kg/hoofd/jr).

de jaren 2000

De consumptie van kcal in Oceanië was 3.090,9 kcal/hoofd/dag in the 2000s, and was on a par with Mexico (3.080,6 kcal/hoofd/dag), Australië (3.112,9 kcal/hoofd/dag), Slovenië (3.113,2 kcal/hoofd/dag). De consumptie van kcal in Oceanië was groter dan in de wereld (2.765,9 kcal/hoofd/dag). De structuur van de consumptie: granen (23.8%), vlees (14.6%), suiker (13.6%), plantaardige oliën (13.6%), melk (8.4%), en anderen (26%).

De consumptie van eiwitten in Oceanië was 100,0 g/hoofd/dag in the 2000s, and was on a par with Europa (100,0 g/hoofd/dag), Slovenië (99,8 g/hoofd/dag), Polen (99,6 g/hoofd/dag). De consumptie van eiwitten in Oceanië was groter dan in de wereld (76,5 g/hoofd/dag). De structuur van de consumptie: vlees (36.2%), granen (23.5%), melk (15.3%), vis (6.4%), groenten (3.1%), en anderen (15.5%).

De consumptie van vet in Oceanië was 130,3 g/hoofd/dag in the 2000s, and was on a par with Samoa (130,6 g/hoofd/dag). De consumptie van vet in Oceanië was groter dan in de wereld (76,9 g/hoofd/dag). De structuur van de consumptie: plantaardige oliën (36.5%), vlees (25.3%), melk (12%), granen (2.2%), noten (2.1%), en anderen (21.9%).

Dit zijn niveaus van voedselconsumptie: melk (185,0 kg/hoofd/jr), vlees (106,8 kg/hoofd/jr), alcoholische dranken (100,2 kg/hoofd/jr), fruit (99,5 kg/hoofd/jr), groenten (98,7 kg/hoofd/jr), granen (89,6 kg/hoofd/jr), zetmeelrijke wortels (66,5 kg/hoofd/jr), suiker (46,8 kg/hoofd/jr), vis (25,9 kg/hoofd/jr), plantaardige oliën (17,9 kg/hoofd/jr), eieren (6,2 kg/hoofd/jr), stimulerende middelen (5,9 kg/hoofd/jr), noten (5,0 kg/hoofd/jr), peulvruchten (1,9 kg/hoofd/jr), specerijen (0,41 kg/hoofd/jr).

de jaren 2010

De consumptie van kcal in Oceanië was 3.193,3 kcal/hoofd/dag in the 2010s, and was on a par with Noord-Afrika (3.196,8 kcal/hoofd/dag), Saoedi-Arabië (3.187,8 kcal/hoofd/dag), Kazachstan (3.200,3 kcal/hoofd/dag). De consumptie van kcal in Oceanië was groter dan in de wereld (2.869,3 kcal/hoofd/dag). De structuur van de consumptie: granen (23.7%), plantaardige oliën (14.7%), vlees (14.1%), suiker (12.5%), melk (8.7%), en anderen (26.3%).

De consumptie van eiwitten in Oceanië was 100,9 g/hoofd/dag in the 2010s, and was on a par with Argentinië (101,1 g/hoofd/dag), de Verenigde Arabische Emiraten (101,2 g/hoofd/dag), Polen (101,6 g/hoofd/dag). De consumptie van eiwitten in Oceanië was groter dan in de wereld (80,6 g/hoofd/dag). De structuur van de consumptie: vlees (36.4%), granen (21.6%), melk (16.4%), vis (6.6%), groenten (3.2%), en anderen (15.8%).

De consumptie van vet in Oceanië was 140,2 g/hoofd/dag in the 2010s, and was on a par with Luxemburg (140,0 g/hoofd/dag), Portugal (140,5 g/hoofd/dag), Zuid-Europa (140,7 g/hoofd/dag). De consumptie van vet in Oceanië was groter dan in de wereld (82,4 g/hoofd/dag). De structuur van de consumptie: plantaardige oliën (37.9%), vlees (23.3%), melk (11.8%), noten (2.7%), granen (2.1%), en anderen (22.2%).

Dit zijn niveaus van voedselconsumptie: melk (199,9 kg/hoofd/jr), vlees (109,6 kg/hoofd/jr), groenten (98,2 kg/hoofd/jr), alcoholische dranken (96,5 kg/hoofd/jr), fruit (92,5 kg/hoofd/jr), granen (91,6 kg/hoofd/jr), zetmeelrijke wortels (65,9 kg/hoofd/jr), suiker (46,3 kg/hoofd/jr), vis (27,0 kg/hoofd/jr), plantaardige oliën (19,9 kg/hoofd/jr), stimulerende middelen (7,5 kg/hoofd/jr), eieren (7,4 kg/hoofd/jr), noten (6,5 kg/hoofd/jr), peulvruchten (2,0 kg/hoofd/jr), specerijen (0,61 kg/hoofd/jr).

Part V. Reproductie

Index van Koesjnir, (-) consumptie - (+) reproductie

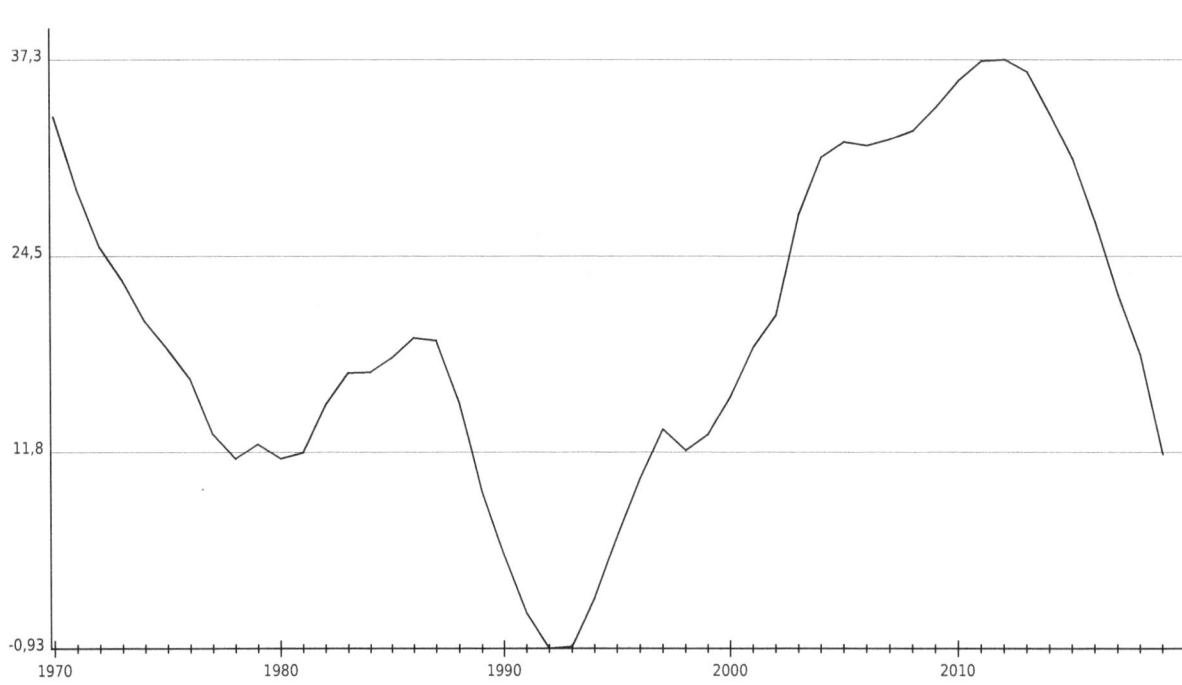

Hoofdstuk XV. Bruto-investeringen in vaste activa

De investeringen in vaste activa van Oceanië steeg van US$30,7 miljard per jaar in de jaren 1970 tot US$413,9 miljard per jaar in de jaren 2010, dat wil zeggen met US$383,2 miljard of 13,5 keer. De verandering vond plaats op US$261,4 miljard als gevolg van een 2,7-voudige stijging van de prijzen, en ook op US$96,1 miljard als gevolg van een 2,7-voudige toename van het tarief per hoofd , evenals op US$25,8 miljard als gevolg van de toename van de bevolking. De gemiddelde jaarlijkse groei van de investeringen in vaste activa is 3,6%. De minimumwaarde van de investeringen in vaste activa bedroeg US$16,3 miljard in 1970. De maximumwaarde van de investeringen in vaste activa bedroeg US$491,4 miljard in 2012.

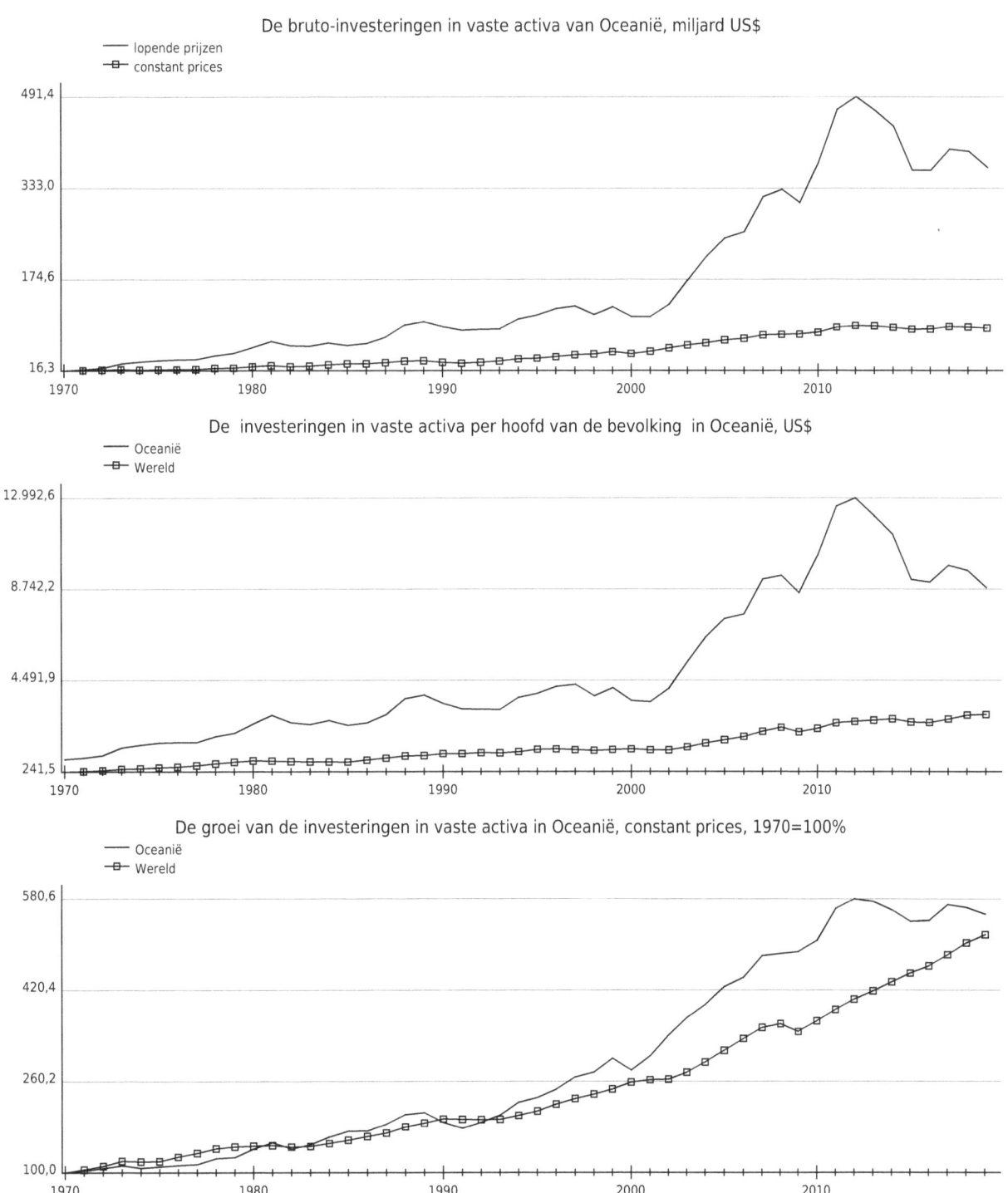

De bruto-investeringen in vaste activa van Oceanië, miljard US$

De investeringen in vaste activa per hoofd van de bevolking in Oceanië, US$

De groei van de investeringen in vaste activa in Oceanië, constant prices, 1970=100%

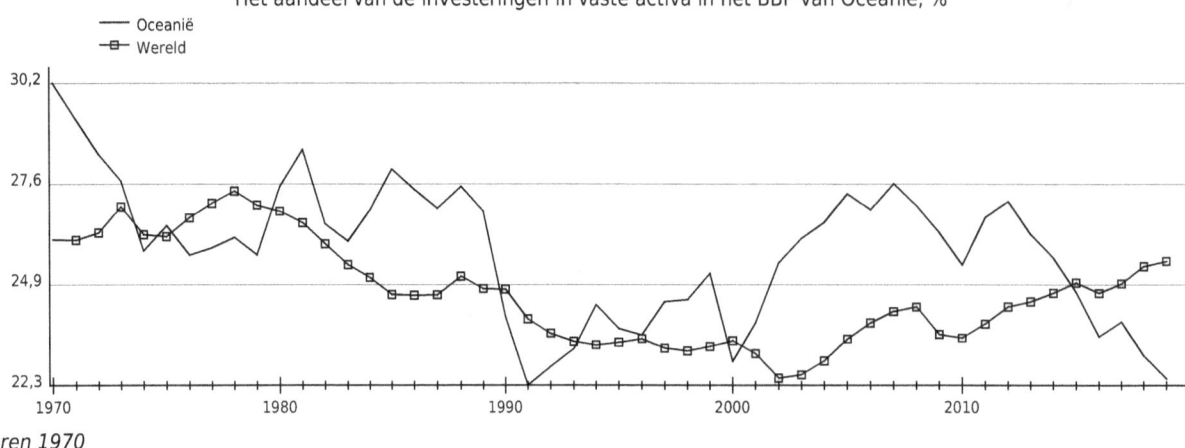

Het aandeel van de investeringen in vaste activa in het BBP van Oceanië, %

de jaren 1970

De bruto-investeringen in vaste activa van Oceanië bedroeg in de jaren 1970 US$30,7 miljard per jaar. Het aandeel in de wereld was 1,8%.

Het aandeel van de investeringen in vaste activa in het BBP van Oceanië was 26,6% in de jaren 1970, en was vergelijkbaar met Belize (26,6%), de Wereld (26,7%), Noord-Afrika (26,5%).

De bruto-investeringen in vaste activa per hoofd in Oceanië was $1.437,8 in de jaren 1970s, en was vergelijkbaar met Oostenrijk (US$1.441,3), Koeweit (US$1.423,9). De bruto-investeringen in vaste activa per hoofd in Oceanië was in 3,3 keer hoger dan de investeringen in vaste activa per hoofd van de bevolking in de wereld ($433,5).

De groei van de investeringen in vaste activa in Oceanië bedroeg 2.6% in de jaren 1970, en was vergelijkbaar met Namibië (2,6%). De groei van de investeringen in vaste activa in Oceanië (2,6%) was minder dan de groei van de investeringen in vaste activa in de wereld (4,2%).

Vergelijking met regio's. De investeringen in vaste activa van Oceanië was minder dan in Europa (US$738,5 miljard), in Amerika (US$511,3 miljard), in Azië (US$350,9 miljard) en in Afrika (US$118,9 miljard). De investeringen in vaste activa per hoofd in Oceanië was groter dan in Europa (US$1.018,0), in Amerika (US$913,4), in Afrika (US$289,8) en in Azië (US$151,1). De groei van de investeringen in vaste activa in Oceanië was groter dan in Europa (2,4%); maar minder dan in Afrika (7,1%), in Azië (6,2%) en in Amerika (5,3%).

Subregio's. De investeringen in vaste activa van Oceanië in de jaren 1970 bestond uit: Australazië (96,5%), Melanesië (2,6%), Polynesië (0,88%) en Micronesië (0,088%). Het aandeel van de investeringen in vaste activa in het BBP van subregio's: Polynesië (33,0%), Australazië (26,8%), Melanesië (21,3%) en Micronesië (17,6%). De investeringen in vaste activa per hoofd van de bevolking in subregio's: Australazië ($1.773,9), Polynesië ($682,2), Melanesië ($193,5) en Micronesië ($164,8). De groei van de investeringen in vaste activa in subregio's: Micronesië (8,3%), Polynesië (6,3%), Australazië (2,8%) en Melanesië (-4,0%).

Leiders. De investeringen in vaste activa van Oceanië in de jaren 1970 bestond uit: Australië (85,7%), Nieuw-Zeeland (10,8%), Papoea-Nieuw-Guinea (1,4%), Frans-Polynesië (0,77%), Nieuw-Caledonië (0,64%). Het aandeel van de investeringen in vaste activa in BBP van de leiders: Frans-Polynesië (35,0%), Nieuw-Caledonië (28,6%), Australië (27,0%), Nieuw-Zeeland (24,8%) en Papoea-Nieuw-Guinea (17,9%). De bruto-investeringen in vaste activa per hoofd in Oceanië onder de leiders: Australië ($1.923,9), Frans-Polynesië ($1.839,4), Nieuw-Caledonië ($1.555,8), Nieuw-Zeeland ($1.095,9) en Papoea-Nieuw-Guinea ($134,0). De groei van de investeringen in vaste activa onder de leiders: Frans-Polynesië (6,7%), Australië (3,0%), Nieuw-Zeeland (1,5%), Nieuw-Caledonië (-5,9%) en Papoea-Nieuw-Guinea (-7,9%).

de jaren 1980

De investeringen in vaste activa van Oceanië bedroeg in de jaren 1980 US$70,0 miljard per jaar. Het aandeel in de wereld was 1,8%.

Het aandeel van de investeringen in vaste activa in het BBP van Oceanië was 27,2% in de jaren 1980, en was vergelijkbaar met Djibouti (27,1%), Australazië (27,3%), de Comoren (27,5%).

De investeringen in vaste activa per hoofd in Oceanië was $2.826,6 in de jaren 1980s, en was vergelijkbaar met de Bahama's (US$2,8 duizend), Singapore (US$2,8 duizend). De bruto-investeringen in vaste activa per hoofd in Oceanië was in 3,6 keer hoger dan de investeringen in vaste activa per hoofd van de bevolking in de wereld ($790,9).

De groei van de investeringen in vaste activa in Oceanië bedroeg 4.9% in de jaren 1980, en was vergelijkbaar met Pakistan (4,9%). De groei van de investeringen in vaste activa in Oceanië (4,9%) was groter dan de groei van de investeringen in vaste activa in de wereld (2,5%).

Vergelijking met regio's. De investeringen in vaste activa van Oceanië was minder dan in Europa (US$1,3 biljoen), in Amerika (US$1,2 biljoen), in Azië (US$990,6 miljard) en in Afrika (US$196,1 miljard). De bruto-investeringen in vaste activa per hoofd in Oceanië was groter dan in Amerika (US$1.848,1), in Europa (US$1.748,4), in Afrika (US$362,0) en in Azië (US$349,2). De groei van de investeringen in vaste activa in Oceanië was groter dan in Azië (4,8%), in Europa (2,2%), in Amerika (1,9%) en in Afrika (-3,3%).

Subregio's. De bruto-investeringen in vaste activa van Oceanië in de jaren 1980 bestond uit: Australazië (96,5%), Melanesië (2,2%), Polynesië (1,1%) en Micronesië (0,12%). Het aandeel van de investeringen in vaste activa in het BBP van subregio's: Polynesië (33,7%), Micronesië (31,0%), Australazië (27,3%) en Melanesië (21,8%). De investeringen in vaste activa per hoofd van de bevolking in subregio's: Australazië ($3.588,9), Polynesië ($1.720,5), Micronesië ($406,5) en Melanesië ($295,1). De groei van de investeringen in vaste activa in subregio's: Australazië (5,0%), Micronesië (4,1%), Polynesië (3,5%) en Melanesië (1,5%).

Leiders. De bruto-investeringen in vaste activa van Oceanië in de jaren 1980 bestond uit: Australië (86,2%), Nieuw-Zeeland (10,4%), Papoea-Nieuw-Guinea (1,4%), Frans-Polynesië (1,0%), Fiji (0,41%). Het aandeel van de investeringen in vaste activa in BBP van de leiders: Frans-Polynesië (35,0%), Australië (27,8%), Fiji (23,9%), Nieuw-Zeeland (23,7%) en Papoea-Nieuw-Guinea (21,7%). De bruto-investeringen in vaste activa per hoofd in Oceanië onder de leiders: Frans-Polynesië ($4.155,4), Australië ($3.872,3), Nieuw-Zeeland ($2.230,7), Fiji ($411,4) en Papoea-Nieuw-Guinea ($236,9). De groei van de investeringen in vaste activa onder de leiders: Nieuw-Zeeland (6,3%), Australië (4,9%), Frans-Polynesië (3,7%), Papoea-Nieuw-Guinea (2,6%) en Fiji (-3,4%).

de jaren 1990

De investeringen in vaste activa van Oceanië bedroeg in de jaren 1990 US$106,7 miljard per jaar. Het aandeel in de wereld was 1,6%.

Het aandeel van de investeringen in vaste activa in het BBP van Oceanië was 23,9% in de jaren 1990, en was vergelijkbaar met de Verenigde Arabische Emiraten (24,0%), Duitsland (23,9%), Marokko (23,9%).

De bruto-investeringen in vaste activa per hoofd in Oceanië was $3.689,1 in de jaren 1990s, en was vergelijkbaar met Nieuw-Caledonië (US$3,7 duizend), Frans-Polynesië (US$3,7 duizend), de Turks- en Caicoseilanden (US$3,6 duizend). De bruto-investeringen in vaste activa per hoofd in Oceanië was in 3,1 keer hoger dan de investeringen in vaste activa per hoofd van de bevolking in de wereld ($1.183,8).

De groei van de investeringen in vaste activa in Oceanië bedroeg 3.9% in de jaren 1990, en was vergelijkbaar met Nieuw-Zeeland (3,9%), Oost-Afrika (3,9%). De groei van de investeringen in vaste activa in Oceanië (3,9%) was groter dan de groei van de investeringen in vaste activa in de wereld (2,8%).

Vergelijking met regio's. De bruto-investeringen in vaste activa van Oceanië was minder dan in Azië (US$2,3 biljoen), in Europa (US$2,1 biljoen), in Amerika (US$2,1 biljoen) en in Afrika (US$122,7 miljard). De investeringen in vaste activa per hoofd in Oceanië was groter dan in Europa (US$3,0 duizend), in Amerika (US$2,7 duizend), in Azië (US$661,5) en in Afrika (US$173,2). De groei van de investeringen in vaste activa in Oceanië was groter dan in Afrika (3,2%) en in Europa (0,024%); maar minder dan in Amerika (4,4%) en in Azië (4,3%).

Subregio's. De bruto-investeringen in vaste activa van Oceanië in de jaren 1990 bestond uit: Australazië (96,8%), Melanesië (2,2%), Polynesië (0,83%) en Micronesië (0,13%). Het aandeel van de investeringen in vaste activa in het BBP van subregio's: Micronesië (27,3%), Australazië (24,1%), Polynesië (19,7%) en Melanesië (19,2%). De bruto-investeringen in vaste activa per hoofd van de bevolking in subregio's: Australazië ($4.800,4), Polynesië ($1.739,3), Micronesië ($535,8) en Melanesië ($352,6). De groei van de investeringen in vaste activa in subregio's: Australazië (4,0%), Melanesië (2,2%), Polynesië (-1,5%) en Micronesië (-1,6%).

Leiders. De investeringen in vaste activa van Oceanië in de jaren 1990 bestond uit: Australië (86,1%), Nieuw-Zeeland (10,8%), Papoea-Nieuw-Guinea (1,2%), Frans-Polynesië (0,74%), Nieuw-Caledonië (0,66%). Het aandeel van de investeringen in vaste activa in BBP van de leiders: Australië (24,6%), Nieuw-Caledonië (22,1%), Nieuw-Zeeland (20,9%), Frans-Polynesië (19,7%) en Papoea-Nieuw-Guinea (18,5%). De bruto-investeringen in vaste activa per hoofd in Oceanië onder de leiders: Australië ($5.131,6), Nieuw-Caledonië ($3.687,5), Frans-Polynesië ($3.652,0), Nieuw-Zeeland ($3.167,3) en Papoea-Nieuw-Guinea ($239,2). De groei van de investeringen in vaste activa onder de leiders: Australië (4,0%), Nieuw-Zeeland (3,9%), Nieuw-Caledonië (2,8%), Papoea-Nieuw-Guinea (0,31%) en Frans-Polynesië (-1,6%).

de jaren 2000

De investeringen in vaste activa van Oceanië bedroeg in de jaren 2000 US$219,8 miljard per jaar. Het aandeel in de wereld was 2,0%.

Het aandeel van de investeringen in vaste activa in het BBP van Oceanië was 26,4% in de jaren 2000, en was vergelijkbaar met Singapore (26,5%), Australazië (26,5%), Curaçao (26,3%).

De bruto-investeringen in vaste activa per hoofd in Oceanië was $6.596,9 in de jaren 2000s, en was vergelijkbaar met het Verenigd Koninkrijk (US$6,7 duizend). De investeringen in vaste activa per hoofd in Oceanië was in 3,9 keer hoger dan de investeringen in vaste activa per hoofd van de bevolking in de wereld ($1.690,7).

De groei van de investeringen in vaste activa in Oceanië bedroeg 5% in de jaren 2000, en was vergelijkbaar met Australazië (4,9%). De groei van de investeringen in vaste activa in Oceanië (5,0%) was groter dan de groei van de investeringen in vaste activa in de wereld (3,5%).

Vergelijking met regio's. De bruto-investeringen in vaste activa van Oceanië was minder dan in Amerika (US$3,6 biljoen), in Azië (US$3,6 biljoen), in Europa (US$3,4 biljoen) en in Afrika (US$254,6 miljard). De bruto-investeringen in vaste activa per hoofd in Oceanië was groter dan in Europa (US$4,6 duizend), in Amerika (US$4,1 duizend), in Azië (US$905,5) en in Afrika (US$280,9). De groei van de investeringen in vaste activa in Oceanië was groter dan in Europa (1,6%) en in Amerika (1,3%); maar minder dan in Azië (6,8%) en in Afrika (5,6%).

Subregio's. De investeringen in vaste activa van Oceanië in de jaren 2000 bestond uit: Australazië (97,5%), Melanesië (1,8%), Polynesië (0,62%) en Micronesië (0,11%). Het aandeel van de investeringen in vaste activa in het BBP van subregio's: Micronesië (34,3%), Australazië (26,5%), Melanesië (22,8%) en Polynesië (21,8%). De investeringen in vaste activa per hoofd van de bevolking in subregio's: Australazië ($8.825,6), Polynesië ($2.413,3), Micronesië ($845,2) en Melanesië ($474,4). De groei van de investeringen in vaste activa in subregio's: Melanesië (8,4%), Australazië (4,9%), Micronesië (3,3%) en Polynesië (0,90%).

Leiders. De investeringen in vaste activa van Oceanië in de jaren 2000 bestond uit: Australië (87,3%), Nieuw-Zeeland (10,2%), Nieuw-Caledonië (0,90%), Papoea-Nieuw-Guinea (0,58%), Frans-Polynesië (0,56%). Het aandeel van de investeringen in vaste activa in BBP van de leiders: Nieuw-Caledonië (32,3%), Australië (27,0%), Frans-Polynesië (23,0%), Nieuw-Zeeland (22,9%) en Papoea-Nieuw-Guinea (16,9%). De investeringen in vaste activa per hoofd in Oceanië onder de leiders: Australië ($9.510,9), Nieuw-Caledonië ($8.401,6), Nieuw-Zeeland ($5.451,8), Frans-Polynesië ($4.827,0) en Papoea-Nieuw-Guinea ($195,8). De groei van de investeringen in vaste activa onder de leiders: Papoea-Nieuw-Guinea (11,6%), Nieuw-Caledonië (8,6%), Australië (5,2%), Nieuw-Zeeland (2,7%) en Frans-Polynesië (1,0%).

de jaren 2010

De investeringen in vaste activa van Oceanië bedroeg in de jaren 2010 US$413,9 miljard per jaar, en was vergelijkbaar met Australazië (US$404,2 miljard). Het aandeel in de wereld was 2,2%.

Het aandeel van de investeringen in vaste activa in het BBP van Oceanië was 25,0% in de jaren 2010, en was vergelijkbaar met Angola (24,9%), Australazië (25,1%), Vietnam (25,1%).

De bruto-investeringen in vaste activa per hoofd in Oceanië was $10.543,6 in de jaren 2010s, en was vergelijkbaar met België (US$10,4 duizend). De bruto-investeringen in vaste activa per hoofd in Oceanië was in 4,0 keer hoger dan de investeringen in vaste activa per hoofd van de bevolking in de wereld ($2.621,1).

De groei van de investeringen in vaste activa in Oceanië bedroeg 1.3% in de jaren 2010, en was vergelijkbaar met Jordanië (1,3%). De groei van de investeringen in vaste activa in Oceanië (1,3%) was minder dan de groei van de investeringen in vaste activa in de wereld (4,1%).

Vergelijking met regio's. De investeringen in vaste activa van Oceanië was 21,4 keer minder dan in Azië (US$8,8 biljoen), 12,4 keer minder dan in Amerika (US$5,1 biljoen), 10,4 keer minder dan in Europa (US$4,3 biljoen) en 19,6% minder dan in Afrika (US$514,5 miljard). De bruto-investeringen in vaste activa per hoofd in Oceanië was 82,6% groter dan in Europa (US$5,8 duizend), 99,5% groter dan in Amerika (US$5,3 duizend), 5,3 keer groter dan in Azië (US$2,0 duizend) en 23,9 keer groter dan in Afrika (US$440,4). De groei van de investeringen in vaste activa in Oceanië was minder dan in Azië (6,0%), in Afrika (3,1%), in Amerika (2,9%) en in Europa

(2,2%).

Subregio's. De investeringen in vaste activa van Oceanië in de jaren 2010 bestond uit: Australazië (97,6%), Melanesië (1,9%), Polynesië (0,33%) en Micronesië (0,082%). Het aandeel van de investeringen in vaste activa in het BBP van subregio's: Micronesië (31,4%), Australazië (25,1%), Melanesië (21,4%) en Polynesië (18,3%). De investeringen in vaste activa per hoofd van de bevolking in subregio's: Australazië ($14.273,1), Polynesië ($2.299,6), Micronesië ($1.116,5) en Melanesië ($798,7). De groei van de investeringen in vaste activa in subregio's: Micronesië (2,3%), Australazië (1,3%), Polynesië (0,091%) en Melanesië (-0,68%).

Leiders. De bruto-investeringen in vaste activa van Oceanië in de jaren 2010 bestond uit: Australië (87,7%), Nieuw-Zeeland (10,0%), Nieuw-Caledonië (0,89%), Papoea-Nieuw-Guinea (0,76%), Frans-Polynesië (0,28%). Het aandeel van de investeringen in vaste activa in BBP van de leiders: Nieuw-Caledonië (37,8%), Australië (25,5%), Nieuw-Zeeland (22,1%), Frans-Polynesië (19,4%) en Papoea-Nieuw-Guinea (14,8%). De investeringen in vaste activa per hoofd in Oceanië onder de leiders: Australië ($15.290,3), Nieuw-Caledonië ($13.687,5), Nieuw-Zeeland ($9.007,4), Frans-Polynesië ($4.198,6) en Papoea-Nieuw-Guinea ($390,1). De groei van de investeringen in vaste activa onder de leiders: Nieuw-Zeeland (5,2%), Australië (0,85%), Nieuw-Caledonië (-0,15%), Frans-Polynesië (-0,22%) en Papoea-Nieuw-Guinea (-3,4%).